山のごはん

沢野ひとし

角川文庫
23248

はじめに

山を歩いている時に、遠くの方から不意に人の声が聞こえることがある。立ち止まり、しばらく耳を澄ますが、風が木々を擦《さす》るかすかな音である。

山を歩いていると幻想におそわれる。たいてい一人の時が多い。小川に差し掛かり、橋を越え林の道を登って行くと、不意に子どもの笑い声がする。振り返ると「なんだ川の水音か」と納得する。

逆に雪山に入ると、雪がすべての音を吸い込み、その静寂さに驚く。都会にいる時はなにかしら騒音とはいわないが、たえず物音が耳に入ってくる。

テントを張り、ストーブに火を点けると「ゴーッ」と力強い音に、仲間は異口同音に「めしだ」と雄叫《おたけ》びをあげる。そしてまずポケットウィスキーで乾杯である。「これだよな」と誰ともなく笑う。

山の音は邪魔にはならない。

目次

タラコ、ホッケ、海の幸〈羅臼岳〉

山で口にするものはどれもこれも美味しく、忘れられない。汗をかき何度も膝に手をつき、あえぎながら頂上にたどり着いて水筒の水に体をふるわせる。自分で背負っていく以外、山では食料にありつけないので、ありがたさは倍増する。遠くの峰を見つめながら口にしたミカンやアメ玉のひと欠片《かけら》が体中に滲《し》みこみ、再び力が湧いてくる。山登りの食事はまさに至福の時間といえる。

少年時代から山を歩いてきたが、登ってきた山を回想すると、不意に「そういえばあの時の、沢の水で冷やしたソーメンはうまかったな」と思いだすことがままある。

そして山で食料に苦労したことはほとんどない。ヒマラヤの山旅ともいうべきトレッキングをはじめとして海外の山にもずいぶん出かけたが、現地の食事で口にあわなかったりお腹をこわしたことは一度もない。さらに道に迷い遭難に近い目にあっての飢えの経験もない。

疲労困憊《こんぱい》すると、水分が多くてのどを通りやすいものが欲しくなり、都会にいる時はほとんど口にしないコンニャクゼリーに手がのびる。しかし、基本的には山に入ったからといって食べる献立が変わるわけではない。

このところ凝っている日帰りの低山一人歩きでは、おにぎり二個と決めている。山に入っての食べすぎは歩くリズムが狂ってかえって辛くなるからだ。おにぎりは早朝に必ず自分の手でにぎる。塩をつけて御飯を手のひらに転がしながら、これから向かうコースを考えたりする。そしてミカンかバナナがあれば一緒に包む。予備食としては気に入ったビスケットと沖縄の黒糖がこの十年の定番である。山の食事はゴミを出さない簡単なものにつきる。

長い日数のテント山行やロングコースの縦走にはブロックのベーコンを持って行く。ベーコンはスープや炒めもの、酒のつまみにと大活躍する。山小屋の食事はあとになってみるとほとんど忘れてしまうが、仲間と山談義や冗談をいいながら作った食事は案外覚えているものだ。

食料計画もさることながら酒の方も気になる。シングルモルトのウイスキーを持って行き、チビチビと水で割る。

二十年前になるが、知床《しれとこ》半島の羅臼岳《らうすだけ》へ行ったことがある。それは一月下旬の実に寒い厳冬期であった。羅臼沿岸には一月から三月にかけて、オオワシやオジロワシが多数渡来する。南下してくる流氷も知床半島と国後島《くなしりとう》に挟まれた海域には接岸しないので、そこがワシの格好のエサ場になるのだ。

冬になると決まってこのオオワシや野付《のつけ》半島のハクチョウを撮るカメラマンの友人岡田昇《おかだのぼる》から「羅臼岳へ行こう」と電話が入る。冬の知床半島は強風が続くのでテントより雪洞の方が安心だそうだ。「食料はごっそりあるので、うまい酒だけたのむ」と注文された。

飛行機で釧路《くしろ》まで、空港からバスを乗り継いで終点の羅臼市街まで行く。夕暮れにバスから降りると、真っ赤な羽毛服を着た友人が笑って大きく手をふっている。彼に会うのも久しぶりだ。

夏に羅臼岳へ彼と登ったことがあるので、ホテルや民宿が並ぶ村は見覚えがあるはずなのだが、ツララと真っ白に雪をかぶった風景にすっかり姿を変えていた。その夜はいつも彼が定宿にしている民宿に泊まることになった。広い十畳ぐらいの部屋には、仕事道具のカメラ類や探鳥のための双眼鏡、そして山の道具がキチンと並べられ、座

卓の上には書きかけの原稿用紙と辞書があった。

冬の羅臼はスケソウダラ漁が盛んだ。その魚を狙ってオオワシやオジロワシが幾百羽とやってくる。市街から海岸沿いの崖の上が鳥たちのねぐらである。

「明日は羅臼名物、ワシのなる木を見に行こう」と誘われ、夕食のタラ鍋に箸がのびる。そして夜は無料でいつでも入浴できる露天風呂、熊《くま》の湯《ゆ》に出かける。夏に来た時はすぐに山に向かい、時間がなくて入れなかった。湯につかりながら、羅臼のことや仕事のことを話す。夏は五時間ほどで頂上に立てるが、冬は三倍はかかるという。「明日は体をほぐしてから山に入ろう」ということになった。

冬になると氷雪の斜面の登降に使用するピッケルや滑り止めのために靴に装着するアイゼンを使った雪上訓練をするが、時間があれば緊急避難用の雪洞掘りをして中で一夜をすごす。だが、なんだか子どもの時のかまくらのようで、やはり練習では緊張感がない。

羅臼岳は一六六一メートルと標高はたいしたことがないものの、海抜ゼロ地点からのスタートで、じっくり登る覚悟が必要だ。登山口の町営キャンプ場には何台かの車が停まっていた。冬は吹雪のためしばしば道路が通行止めになるので、この時期は余裕のある登山計画が必要である。私も一週間の休暇をとるために、出発まで徹夜で仕事を片付けてきた。

沢沿いの登山道には立派な踏み跡が残っており、雪の上を歩くカンジキのお世話になることはなかった。しばらくして尾根伝いの道に入ると、とたんに厳しい登りになる。彼のザックには赤い布をつけた細い竹竿が何本もくくりつけられ、雪洞を掘るスコップも二本縛ってあった。

一時間ほどして羅臼の街を見下ろす里見台《さとみだい》に着いたが、海から半島に吹きつける強風に一瞬体がすくむ。さらに尾根沿いを進みハイマツ帯をすぎると、風はますます強くなり体が左右に振られた。時計を見るとすでに午後二時を過ぎている。出発が遅かったので、今日はこの辺りで雪洞を掘って停滞となるのか。もう少し進めば泊場《とまりば》と呼ばれる、夏のテント場に着くのだが。

「よーし、この辺りに雪洞を掘るか」と言って友人がザックを下ろした。赤い布のついた竹竿をあたりに突き刺し、彼は雪洞にあう場所をじっくりと探している。これまで知床半島で何十回も雪洞を掘ってきたので、スコップを手にした姿が実に板についている。

「ここにしよう」と低いハイマツ帯の斜面の雪をスコップでかき分け、雪洞作りが始まった。その速さには舌を巻く。強風が吹いているからか、まるでクマのように荒々しくスコップを動かしている。その後姿を見て思わず「雪洞のプロだな」と声をかけた。いままで見てきた雪上訓練の、のんびりした雪洞作りとは違い、横穴をまたたく間に掘りあげた。こちらは唖然《あぜん》として見ているしかない。穴に彼が入ると、中から雪がドカドカ外に放り投げられ、「とにかく中を広げるから」とまったく休まず作業を続ける。三十分もしないうちに大人が四人ほど入れる雪洞が出来上がった。ザックからマットを取り出し、食器類を置く棚を作る。

「いやあ、こんなに素早い雪洞掘りは初めて見た」と感心していると、

「北海道の山は本州にくらべて風が強いんで、これが一番」と言った。

雪洞の中は外と違って、風の音が遮断され、ガソリンストーブのゴーッという音以外は何も聞こえない。知床半島の野生動物はみなこうして静かな雪の中で冬眠しているのだろうか。

砂糖を入れたホットワインでひと息ついた後は無着色のタラコが雪のテーブルに並ぶ。登山靴をぬぎ、どっかりと胡座《あぐら》をかく。

「このタラコは羅臼で一番美味しいよ」と言うので、凍りついた薄塩のタラコを口にすると、なんとも言えない芳《かん》ばしい海の香が口いっぱいに広がり、私は、「これは贅沢な味だなあ」と感嘆の声をあげた。

「では、スコッチのオンザロックといきますか」

私はハーフサイズのウイスキーの壜《びん》を取り出す。酒類は壜が重いからとペットボトルに移しかえて持ってくる時もあるが、やはり壜を見つめ、ラベルを指差しながら飲まないとウイスキーは体に滲みわたらない。

タラの切り身に白子が取り出され、横に野菜類と干したでかいコマイが置かれる。米だけはアルファ米だが、あとはすべて生ものなのが嬉しい。

雪洞では、ストーブで中が暖かくなるので天井から水滴が落ちる。さらに、換気しないと酸欠になるから注意が必要だ。

ニシンのコブ巻きと罐詰のホッケの煮つけが取り出され、「やっぱり冬の知床はどれもうまいね」と友人は笑う。しばらくすると案の定、天井からポタポタと規則正しく水滴が落ちはじめた。
　こういう時にゴアテックスのシュラフカバーが実力を発揮する。シュラフカバーは濡れても、中は快適そのものだ。薄いエアマットに座りながら、タラコをつまみにウイスキーを飲んでいると、この雪洞のバーが世の中で一番落ちつく場所に思えてくる。
「山登りはこの宴会があるからこたえられないね」
　友人は近くの雪を取り、ウイスキーの入ったシェラカップに落とした。

春うららの自作おにぎり〈奥多摩・生藤山〉

中央《ちゅうおう》線の上野《うえの》原《はら》駅前は、魔法瓶を肩から下げた家族連れや、色とりどりのザックを背にした若者、あるいは私のような中高年のハイカーで混雑していた。

今も昔も変わらないが、奥多摩《おくたま》のハイキングの人気は高い。まして天気のよい四月下旬の日曜日である。おだやかな春の日ざしのなかで、どの登山者の顔も明るく健康そうである。

ジョギングシューズ、軽登山靴、革のゴツい本格的な登山靴、ジーンズ姿の大学生、望遠鏡を手にスウェットパンツの女子中学生、ニッカーズボンに毛のシャツ、杖を手にした山慣れしたおじさんと、年齢も装備も服装も各自思い思いだが、どの登山者も井《い》戸《ど》行きバスを待っている登山客だから、ここから登る山はきっと生藤山《しょうとうさん》なのだろう。

一〇〇〇メートルに満たない山だが、奥多摩のなかでもこの生藤山は人気がある。川《かわ》苔山《のりやま》、御岳山《みたけさん》、大岳山《おおたけさん》、三頭山《みとうさん》、そして生藤山は、はじめて山登りをする人にとっても安心して歩けるコースであり、東京から日帰りできるもっとも近い人気の高い山である。

私は前夜まで、新緑の奥多摩に行ってみたいと、ボンヤリと考えていた。山ならどこでもよいと目的のコースが決まらず、家をでるときまで、「どこの山にしようかな」と迷っていた。標高が低くて、道が整備されていて、雨が降ったらすぐさまもどれる山、というイイカゲンな気持ちで、小さなザックを背に家をでた。ふと、山の雑誌で紹介されていた、ヤマザクラとツツジの美しい尾根道という記事を思いだし、単純に生藤山に決めたのだった。

日帰りのハイキングのときの用意は簡単である。ザックの中は、魔法瓶に入れた白湯《さゆ》とセーター、ヘッドランプ、おにぎりにチョコレートとミカンだけである。雨のときはすぐさま中止だから、よほどの天候でないかぎり雨具類は持っていかない。靴は革と布のコンビネーションの登山用ジョギングシューズといったところである。私は平坦な山道には軽登山靴を何年も愛用している。この靴は低山や川遊びで、もっとも頼りにしているシューズである。

生藤山の登り口にあたる石楯尾《いわたておの》神社まで、バスにて二十五分と本に書いてあったが、そのバスは満員で、続いて増発のバスが来たが、それもひどく混雑していたので、駅前から登山口まで歩くことにした。バス道をのんびり一時間も歩いて行けば石楯尾神社前に着くだろうと、軽く考えて歩きだしたのはいいが、大きな道路の交差点ではまっすぐなのか曲がるのか、二、三回人にたずねながら、スギ林が続くバス道路を進んでいった。

この生藤山ははじめての山である。今日は特別、山に目的をもってきたわけではないが、こうして一人でのんびりバス道を歩くのは悪くないなと思う。低山ハイクはきままに一人がよい。仲間と一緒なら、このバスのことで、まずもめなくてはならないはずである。

バス道をハイカーを乗せたタクシーが何台も通りすぎていく。臨時のバスにあふれた人たちなのだろうか。小さな川に沿って道路は続いていく。地図を取りだして生藤山の位置を確かめると、春のかすみがかかった空に山頂がボーッと見える。右手に山の斜面を削った大きな住宅街が現われた。こんな山の奥なのに、派手な住宅がひしめきあいながら、建ち並んでいる。

ここから都心部へは通勤に不便なので、立川《たちかわ》や八王子《はちおうじ》に勤めるサラリーマンが中心の住宅地なのだろうか。その山の斜面を削った住宅を眺めていたら、「あっ」と私は声をあげてしまった。前に一度、ここに高尾《たかお》の不動産屋と車に乗ってきたことがあるのを思いだしたからだ。もう十年前のことなのではっきりとした記憶はないが、確かにここの宅地は、若い不動産屋の男に連れられてきた所である。そのときのことを思いだした。あれは冬の寒い日で、妻は三歳になる娘の手を引き、背中には生まれたばかりの長男をくくりつけ、私と一緒にまだ造成が終わったばかりの赤い土の斜面を、黙って眺めていた。いくら土地が安いとはいえ、上野原駅までバスで行き、そこから都内の仕事場に通勤するのは無理であった。あまりにも遠すぎる場所であった。会社は九時出勤だから、遅くとも家を六時三十分にでなければ間に合わないのだ。

生まれたばかりの子供を背にした妻は、口からでまかせのようなうまい話をする不動産屋の男に、ていねいに返事をしていたが、私の心のなかは、なんともいえずさびしかった。何十年のローンを組んでも、手にできる土地はこんな所なのかという思いで切なかった。結局あまりにも通勤が遠いということで、私と妻はあきらめたのだ。

——あれから十年たつのである。

私はバス道から、小さなコイノボリのたつ家々を眺め、ふっと溜息をついた。現在住んでいる所も東京の郊外なのだが、都内への通勤時間は上野原の半分である。そのぶん土地も半分だが、こうした狭い山間《やまあい》の斜面を切りくずしてできた住宅が、東京近郊には最近とくに多くなり、通勤のために時間が奪われ、働きざかりの中年はますます体に負担がかかるのだ。本当にひと昔前では考えられない遠い所、たとえば青梅《おうめ》や丹沢《たんざわ》のふもとにまで巨大な団地や住宅地ができはじめ、今や毎日の通勤に往復四時間もかける時代になってしまった。毎日四時間も、それも混んだ電車に揺られていれば、日曜日はテレビを前にゴロ寝という、平均的なサラリーマンの姿というのもわかる感じである。いつもどうにかならないものかと、東京の土地代について考えさせられる。

バスで二十五分の石楯尾神社までを歩いたら、結局一時間三十分もかかってしまった。しかし登山口にはまだハイカーが多く、「やれやれやっと出発点に着いたわい」と私は水筒の白湯を飲み、モモの花が咲いている落ちついた集落が見える場所で一服した。

時計を見るとまだ十時三十分だ。頂上で昼食がとれそうである。芽をだしたスギ林のなかを、ジグザグに一時間も登れば尾根にでるはずだ。朝食のパンをかじりながら、汗をかきかき、いろんなことを一緒にしながら登っていく。

二十分も登ると、車が一台通れる林道とぶつかる。スギの伐採作業のために、トラックとブルドーザーが入っている。しかしそれにしても奥多摩のどの山にもいえるが、木の細いのには胸が痛む。スギ、ヒノキ、カラマツの植林が盛んであるが、どの木の幹も自分の腕のように細く、そんな木まで伐採している作業を見るのはつらい。遠くから山を見るといっけん緑や林が多いと錯覚するが、現状の山はまったく裸にされ山肌は痛々しいのである。山だからといって、けっして木や森があるわけではないのだ。

情けないことに私は山の木や花を知らなすぎる。何十年と山登りをしているわりには、知識がなさすぎる。山の木で名前を知っているのは、スギ、ヒノキ、ブナ、コナラ、カラマツ、サクラ、ハルニレ、コブシぐらいなもので、針葉樹と広葉樹の区別も満足につかないという無能ぶりだ。したがって花となると、スミレ、タンポポ、ツツジぐらいなもので、やっとヒトリシズカを最近おぼえた低能ぶりである。

北《きた》アルプスに見られる高山植物となると、まったくお手あげで、花にくわしい人に「あの黄色い花なんですか」なのである。そういえば蝶の名前も知らない。星も知らない。まったくなさけない登山者である。なさけないが、サクラだけはまちがわない。もっとも、サクラを知らない日本人が一人でもいたら世も末だ。

明るい尾根道にとびだしたら、そのサクラの花と雑木林の新緑とがみごとな色あいを見せてくれた。サクラを見ながらの花見登山である。下界ではとっくに散ってしまったのに、山は満開。これだから登山はやめられない。

ゆるやかな稜線を汗をかきかき登って大休止する所が、甘草水《かんぞうすい》の水場がある広場で

ある。ハイカーが足を投げだし、お弁当をほおばっている。しかしこの甘草水とはなんともロマンチックな名前である。看板を眺めると、昔、日本武尊《やまとたけるのみこと》が東征の折、この小さな水場を発見したという。小さな沢から一滴二滴と水が流れ、バケツいっぱいの水がたまっていた。渇水時にはでないこともあるという。この広場で私も昼食とする。眼の前に陣馬山《じんばさん》が見える。かすみがかかった春の陽のなかで、山頂にある茶店がかすかに見える。朝、自分の手でにぎってきたカツオブシとうめぼしのおにぎりを、白湯で流し込む。山で食べる食事はどうしてこんなにうまいのだろう、と心でつぶやきながら、見通しのよい稜線を流れる心地よい風に感謝感激。

満開のサクラの下のベンチには、コンロでお茶をいれる人、寝ころがっている人、しきりに地図を眺めている人、登山者たちは春の日ざしの下で、みんな満足そうである。

ここから三国山《さんごくさん》を通り、生藤山までほんの三十分の距離である。あとは下りのみの登山路なので、みんなすっかり安心して休憩に入っている。この高さまで一時間三十分でこられるので、小学生たちもまだ元気である。生藤山の標高は九九〇メートルである。高くはないし、雑木林に囲まれ展望はあまりよくない。しかし、木の間越しに道志《どうし》山塊が望める。

下りのコースは、連行山《れんぎょうさん》から醍醐《だいご》峠、和田《わだ》峠を越えて陣馬高原が一般コースだが、予想外のハイカーの多さに、人の少ない熊倉山《くまくらさん》、浅間《せんげん》峠への笹《ささ》尾根を選ぶことにした。浅間峠から上川乗《かみかわのり》にでて、バスで武蔵五日市《むさしいつかいち》駅に下るつもりだ。

生藤山からもときた三国山へ下ると、三頭山方面への主稜線が美しい山並みを見せている。東京、神奈川、山梨の県境が三国峠である。残念なことに春がすみのために富士山《ふじさん》は望めなかったが、いかにも奥多摩といった低い山々が連なり、ハイカーたちはさかんに記念撮影に興じていた。

「アッ。ひさしぶり」と声をかけてきたのは、大賀由晋《おおがよしひろ》さんである。彼は高田馬場《たかだのばば》にある登山専門店「カモシカスポーツ」で長いこと働いていて、最近、「むさしの山荘」という自分の店を三鷹《みたか》駅にだした、昔からの山友達である。いや、山友達というよりは、お店でずいぶんお世話になった人である。「カモシカスポーツ」で二十年前に買ったエスパースというテントを、いまだに私は使用している。

そして、つい最近も小川山《おがわやま》でバッタリ会ったのだが、昔は大賀さんと何度もそういうことがあった。三《み》ツ峠、谷川岳《たにがわだけ》、赤岳《あかだけ》などで、「やあ、やあ」とあいさつを交わした。私がしばらく山から遠ざかっていた間も、彼はオールラウンドの山を楽しんでいたようで、今回も子供と奥さんと近しい山仲間と一緒に、元気そのものといった顔つきであった。

「朝、バスの中から、トボトボ歩いているのを見ましたよ」

「いやあ」

「これから下って、神社の横で山菜で天ぷらをするので、よかったら……」

「どうもありがとう。でも、これから上川乗のバス停にでる予定で……」

「それじゃあお元気で」

大賀さん一行は生藤山を往復してあとは山菜パーティとなるのだ。彼は岩登りもベテランなのだが、こうした低山ハイクの楽しみも知っており、いつ会っても屈託のない山男である。三鷹の新しい店に必ず顔をだしますと言って、私は笹尾根への急斜面を下っていった。雑木林のなかの尾根道で、まだ芽をだしたばかりの新緑や、可憐《かれん》に咲いたツツジの花など、春の香りがいっぱいである。秋から冬にかけての枯葉が尾根道にびっしり敷かれ、足元が滑らないようにと注意しながら、熊倉山に向かう。ひと汗かくと熊倉山のピークが現われ、チョコレートのかけらを口にほうりこみ、ボンヤリ小休止とする。ひとつ尾根を変えただけで、これほど静かなものだとは思わなかった。

あれほど多かったハイカーともこの登山路ではほとんど会わず、すれちがうのは使いこんだザックを背負った、山慣れした中年の人であった。

このところ、山というと中高年の登山者が増えてきたというが、私にはとてもわかる気がする。昔は若い人が中心の山登りが多かったが、山のよさをじっくり味わうにはむしろ中年過ぎてからだと思う。若いときは頂上を踏むことだけに頭を使っていたのだが、「自分にとって山とはなんなのだろう」と、そんな思いをこめて山に登るのも悪くないと思う。登りはじめの頃は、ガイドブックの所要時間ばかり気になり、ただがむしゃらな登山であったために、木々の種類や花や草の名も覚えず、鳥の鳴き声も耳に入らなかった。

尾根道を下りきった鞍部《あんぶ》から、稜線東側を巻くように歩いていく所は、ツツジの花とブナの芽がまことにきれいで、思わずニッコリする。なんの心配もなしにのんびりと平坦な山道を歩く幸福感に、「山はいいなあ」と思わずつぶやいてしまう。自分のペースで歩き、考え、知的な好奇心を満たしてくれる「山登り」は、あわただしい世のなかにあって最高にぜいたくな遊びである。「よし、帰ったら花の図鑑を見てやろう」と名も知らぬ花を、珍しく手帳にスケッチしながら、自由な自分一人だけの時間をその山道で過ごし、浅間峠まで下っていく。浅間峠にはザックを置いたハイカー五、六人が、ベンチにのんびりと休憩していた。

「上川乗のバス停までどのくらいですか」と私が声をかけると、「ゆっくり下って一時間」という返事がかえってきた。朝から歩いて四時間である。上野原駅から歩いたので、すこし足は疲れたが、あと一時間で終わるこの低山ハイクに、夏ミカンを口にしながら、満ち足りた気分であった。汗ばんだ半ソデのポロシャツに風を通しながら、五日市で山菜料理とお酒でも飲んで帰ろう、と時計にチラリと眼をおとした。

「お先に失礼」と会社の仲間と来たらしいハイカーに声をかけて、スギの植林のなかをジグザグに下り、南秋川《みなみあきがわ》の流れを渡り、上川乗のバス停の前にあっけなく着いてしまった。この辺りの人家の屋根は杉皮ぶきで、奥多摩らしく、ゆったりとしている。このバス道路を上に行くと数馬《かずま》である。去年の同じ頃、つづら岩《いわ》にクライミングに行った道なので、見覚えがあった。

行きと同じく、帰りのバスもハイカーでごったがえしており、私は中年の太ったおばさんと、やっとのことでバスに乗り、きゅうくつな姿勢のまま一時間も武蔵五日市までもまれる。バスの中の登山客は御岳山から大岳山を通過して、馬頭刈《まずかり》尾根を下りてきた人たちである。汗くさいバスから解放されて駅前に降りると、東京行きの電車を待つハイカーたちでひしめきあっていた。

混雑したバスにいささかぐったりとしていた私は、このまま、また混んだ電車に乗る気にならなくて、「下ったらやっぱり酒だ」と夕暮れのなかでつぶやいた。駅前の交番で、「川魚を食べさせてくれる所をおしえて下さい」とたずねると、イヤホーンを耳にした若いおまわりさんは、私のことを不思議そうな顔つきで眺めてから、「ここから左に下がった所に川があり、落ちついて食事ができる料亭があります」と親切におしえてくれた。

ザックを肩に目的の「川波《かわなみ》」という割烹料理屋の戸をあけると、川魚のいいにおいがした。「どうぞ」と通された所は、川が眺められ、モモの花が咲いたなごめる席であった。

ときどき山の格好をして、こういった料亭や温泉の玄関に立つと、山の帰りだと部屋が汚されると思うのだろうか断わる所があり、腹が立つのだが、この和服を着た美人のお姉さんは「どこの山に行ってらっしゃったんですか」と愛想がいい。登山者の服が汚れているというのは昔のことだ。今は時間に余裕のある人が山に登る時代になったことを、温泉宿は知らないのだ。

瑞々《みずみず》しい山菜とタケノコを口にしながらビールを飲むと、やっと私は落ちつき、今まで登ってきた山の地図をとりだしニンマリするのだった。春の低山ハイクとはいえ、今回の山行は天気に恵まれ、気分爽快な登山であった。反省材料は何もなしである。

昔の夜行日帰りも若さにまかせて楽しいものだったが、ヘッドランプをたよりに暗いうちから歩く山登りは、そろそろつらくなってきた。というより山の風景を一度も眺めず、足元ばかり見つめる山登りに興味がうすれてきたのかもしれない。

夕方の河原に少女と犬が散歩しているのが見えた。ポッと明るいモモの花の下で、少女と犬がたわむれているのは、なんともおだやかな風景に見え、私は「いいなあ」とつぶやきながらビールを一本からにした。そして日本酒にきりかえ、夕暮れと一緒にすこしずつ酔っていった。

残された秘境で天ぷら〈海谷山塊〉

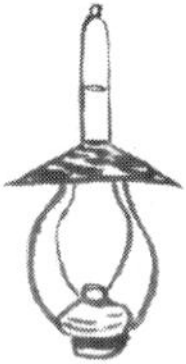

海谷《うみたに》山塊という地名を知ったのはいつの頃だったのだろうか。新潟県は糸魚川《いといがわ》市の近くに日本を代表するほどの大きな岩壁があると、山の専門雑誌で知り、長いことその山に心ひかれていた。一《いち》ノ倉《くら》の滝沢スラブや穂高《ほたか》の屏風岩《びょうぶいわ》に匹敵する岩壁が、狭い日本にまだ残されていたという事実に私は驚き、一度見上げてみたいものだと思っていた。想像する岩壁は越後《えちご》の奥深いヤブ山にひっそりと隠れて、何十年も登山者に見つかることなく息をひそめていたのだろうか。あるいは動物や可憐な高山植物を前に、壮大な荒々しい岩肌を見せていたのだろうか。

海谷山塊という名前も気に入ったが、丸山《まるやま》東壁や奥鐘山《おくかねやま》西壁と同様に、日本最後の大岩壁といわれる海谷・千丈ケ岳《せんじょうがたけ》南西壁が、まるで〝残された秘境〟のように思えて胸が高なるのであった。

大糸線《おおいと》の列車が大町《おおまち》を抜けるとき、左手に立ち並んだ鹿島槍《かしまやり》、五竜《ごりゅう》、唐松《からまつ》、白馬《しろうま》といった後立山《うしろたてやま》連峰の壮観な風景に目を奪われるが、糸魚川市に近くなるにつれて、右手の山々をさぐるようにして見ることがたびたびあった。後立山の山がまだ雪をどっさり残しているのに、越後の名もない山々は、どうにもみすぼらしいものであった。姫川《ひめかわ》をはさんでまるで対照的な風景である。しかしその奥に海谷山塊の大岩壁があるのだ。列車からは何ひとつ岩のかけらも見えないが、人を圧倒する威圧的な岩壁がまだ眠っているのだ。そう思うと私はひどく満ち足りて目をつぶるのであった。

ただそういった海谷山塊への思いはあったが、ここしばらくすっかり山登りから遠ざかっていた。誰でもそうだと思うのだが、山から急速に遠ざかる時期があるものだ。若い頃に熱に浮かされたごとく山に通った分、会社勤めや結婚生活がはじまると、糸の切れた凧のごとくプッツリと山から離れてしまう人が多い。

私にしても同じであった。ひととおりの縦走山行から初歩の岩登り技術を覚えはじめた学生時代が終わると、急に山に行かなくなってしまった。夜汽車に乗っていく体力がなくなったのか、それとも仕事のほうに専念したいのか、いつの間にか登山靴に足を入れることもなくなってしまった。

自分にとって山に行くことより、もっと大事な出来事が目の前にいっせいに広がって、手あたりしだいにかたづけなくては、一歩も前にすすめない時期だったのだろう。それでもなにかの拍子に、夏の入道雲や列車から降りるヘルメットを背にしたクライマーを見ると、山への思いで心が揺れ動くのであった。そんな日は本屋に飛びこみ、本棚から山岳書を手にとり、登攀《とうはん》記録を読みふけった。海谷山塊は都会のひっそりとした喫茶店で見つけた山であった。

関越自動車道の小出《こいで》を過ぎ、十日町《とおかまち》市に入ると、やっと、重くたちこめた雲の間から五月の朝の光がさしはじめた。苗場山《なえばさん》や谷川連峰を背に、長岡《ながおか》から糸魚川に向かって私は眠たい気分を抑えてハンドルを握っていた。隣で腕を組み、ツバの広い奇妙な白い帽子をかぶって寝ている男は、初期の海谷山塊の数々の岩場のルートをつくった大内尚樹《おおうちなおき》である。人は彼のことを奇人というが、たしかにちぢれた特徴のある髪と、高い音程で笑う声はその風貌《ふうぼう》とともに一度会ったら忘れられない。そのわりに話すときは、ボソボソと力がない。

私もはじめて出会ったときに印象が植え付けられた人物である。

植物にくわしく、岩登り一本できた山男には、なんともいえない魅力があった。穂高、小川山、秋の安達太良《あだたら》と、何度か大内尚樹に誘われ、岩での足のおき方といった第一歩からふたたび山を教えてくれた私の師匠でもある。

前夜から一睡もしないで、今回の山行のために京都から車でとばしてきた彼は、私の運転にすっかり身をまかせ、ぐっすりと眠っていた。

「もうすぐ長岡ですよ」と声をかけたら、彼はムクッと起きだし、

「直江津《なおえつ》を過ぎたら朝食にカニでも食べよう」と言う。

私たちは国道沿いに建ち並ぶ名物のカニの出店の前に車を停めて、ボーッとした顔で夢中になってカニをしゃぶる。大内尚樹はさかんに首や頭を振りながら眠気ざましの運動をしている。シダ系の植物を研究しているところから、彼のあだ名は大内教授であるが、今や風貌は鉄腕アトムにでてくるお茶《ちゃ》の水《みず》博士である。

「海谷で天ぷら食べようね」と私が元気な声をだすと、彼の昔からの山仲間、海谷の岩壁を開拓した遠藤甲太《えんどうこうた》の名を口にして、「彼も一緒に来ればよかったのにね」と言ってカラカラと笑った。彼はちまたではアルコール依存症通称アル中の詩人といわれ、酒に目がないのである。今回私たちと一緒にザイルを結ぶことになっていたのだが、直前に仕事が入り、つぶれてしまったのだ。

「彼も海谷で酒盛りを期待していたのに残念」と自分は一滴も酒を飲めないのに、大内教授はニヤリと笑った。

海谷山塊は個性的な美しい名前の雨飾山《あまかざりやま》、昼闇山《ひるくらやま》、烏帽子岳《えぼしだけ》に囲まれた比較的小さな山域で、この中央を流れる川が海川《うみかわ》であるため、海谷と呼ばれるようになった。海谷へのアプローチは海川第一発電所からである。ひと昔前は夜汽車で来て、バスを使い来海沢《くるみさわ》から発電所に歩いて入っていたが、距離の長さに敬遠され、東京から私たちのように車で入るか、糸魚川からタクシーを使うようになってしまった。

糸魚川で食料と燃料を買い、車からザックを下ろしたのは九時過ぎであった。人けのないガランとした発電所の前の広場で、何を車に置いていくか彼と話し合う。私は車で山に行くととたんに荷物が多くなるのだ。つい必要のないものまでザックに入れてくる傾向があり、その日私の登攀具を指さし彼は言った。

「ちょっと、鉄クズ類見せてくれる」

と、金属類の多いクライミング袋をのぞいた大内教授は、私が昔なつかしいアブミを隠し持ってきたのを見て、

「アッ、こんなのいらない」とすげなく言い、ほうり投げてしまった。

「今回は旗振山《はたふりやま》の四級ルートを登るから、カラビナは三個でいい」と私の袋からどんどん勝手に登攀具類を取りだし、個人用テントもいらないからと車の座席に置いていった。水筒に水を汲《く》み、私は一人で勝手に歩きだしたが、まだ大内教授はなにやら自

分のザックの中身をいじくりかえしている。

「お先に行きますから」と軽くなったザックを背に、発電所の裏手から山道をあがっていく。深夜の運転で体はひどくだるいのだが、雲がすっかり消え、晴れあがった五月の風は心地よかった。カタクリの可憐な花、山麓の目にしみるブナの萌葱《もえぎ》など、残雪の頃の山は本当に美しい。積雪に耐えてきた雪国の人々の春にかける思いは、私たち都会人に比べてはるかに晴れやかで、希望に満ちている。

しかし、海谷近くの御前山《ごぜんやま》の集落は、雪のために次々と人が離れ、廃屋になったワラぶき屋根がそこかしこに見られた。

山境峠まで二十分であった。ひとしきり汗をぬぐい、ザックを下ろして彼の来るのを待つ。眼の前に忽然《こつぜん》と千丈ヶ岳の岩壁が現われた。「なんというでかい壁なのだ」私は青みがかった壁に見とれていた。これが海谷の岩だったのか。腕を組み息のつまる思いで見つめていた。今まで歩いてきたおだやかな、新緑に包まれた山容が一転して変わり、岩はあやしく光っている。

「でっかい岩だね」私が遅れてきた大内教授に声をかけると、ザックの横にいろいろぶら下げた、昔のチンドン屋姿の彼は「いやあ」と妙に照れるのであった。こんなときの顔は、まるで他人に恋人を見せるときと似ている。それはそうだろう。山岳同人・東京心岳会に所属していた二十年前から、季節をとおして通った場所である。他人の目が気になる山である。この岩壁のルートをほとんど初登攀した大内教授は、

「この南西壁のなかで最初にルートが開拓されたのが、ほらあの正面壁だよ」

と指さした。対岸に屛風のように広がる岩壁に、私はあらためて溜息まじりの声をあげた。高さ五〇〇メートル、幅四キロに及ぶ、あたかもグランドキャニオンのような岩場である。たくみに岩場の弱点をついた登攀コースもさることながら、その岩壁に取り付くまで六年の歳月をかけたという、大内教授の情熱とねばり強さも驚きであった。海谷の岩場はそのほとんどが、当時彼の所属していた山岳会のグループの手によって開拓されたという。

「いやあ、すごいすごい」私はまるで子供のようにはしゃいでいた。とてもこの千丈ヶ岳南西壁に登れる技術など持ちあわせていなかったから、感嘆の声をだしていればよかった。彼はじっと何か考えているのか、私の騒いでいる姿と対照的にもの静かであった。

ピッケルもアイゼンも五月というので用意してこなかったが、ここは越後でも名うての豪雪地帯である。今年は山に雪が少ないと聞いていたけれど、夏道《なつみち》は雪のためにすっかり消えていた。しかし今夜のテント場まで二時間も歩けば着けるとあって、の

んびりと出発する。

多雪地帯の道のない中級山岳は、残雪を利用すると草や灌木《かんぼく》も消え苦労することなく登れるのだが、海谷への道は雪がグズグズで一歩進むごとに足がとられ、思っていた以上に体力の消耗が激しく、汗が体中から噴きでるのであった。また北西の岩壁には大きなブロックが残っているのが見え、沢を横断したときなどはヒヤヒヤものであった。私はピッケルの代わりに枝木を杖にして、いつ着くともわからない取入口高地へ、まだかまだかと歩を進めるのであった。

海川に沿う道は岩壁群の狭間である。冬などナダレの巣と思えるごとく、大きな雪塊のデブリがすごい。なんだか陰惨な岩壁に囲まれて心なしか足が速まるが、雪に足をとられ、でるのは荒い息ばかりである。前を歩く大内教授も睡眠不足なのか、いつもの快調な足どりは見受けられず、チンドン屋姿でフラフラしている。

眼の前に雪のかぶった鉢山《はちやま》がどっかり見える頃に本流を対岸に渡り、急登の夏道を登りつめると、岩壁も遠のき、やっと明るい空の下にでた。七三二高地である。雪どけ水を集めた取入口に、無人監視小屋が建っていた。

この辺一帯は昔は標高をとって「七三二高地」といわれていたが、地図の間違いがわかり、今では取入口高地という、つまらない味のない地名になってしまった。大内教授は今でも「七三二高地」とこだわる。小さな上高地《かみこうち》のような雰囲気の所であった。豊かな広い河原には大きなケショウヤナギの木が立ち、水を得た樹や草は鮮やかな新緑に萌えていた。

「いい所だなあ」

おだやかな五月の光と風を体中で浴びて、私がその美しい大正池《たいしょういけ》に似た河原を眺めていると、彼は「これがあるから飽きずに来てしまうんですよ」とひどく満足そうな、のんびりした声をだした。彼を何十年もこの海谷に誘いこんだのは、この七三二高地のテント場の素晴らしさである。何ひとつ観光の手が入っていない原始の山の姿が、この七三二高地にはあった。

五月の連休でありながら、テントを張っているのは私たちだけである。川の音を聴きながら、私はウイスキーを口にした。青空と残雪の山々を眺めていると、〝いと麗しき五月〟〝かの人にわが憧れを慕う思い〟といった歌が頭に浮かんでくる。

大内教授は植物学者だ。天ぷら用の山菜とりに裏山にでかけてゆく。私はゆっくり一口ずつウイスキーをのどに流しこみ、あたりの風景に体がとけこんでいくような錯覚をする。こういう所に来ると、人間本来が持っている素朴な心を体験することができる。「いいなあ」と山菜を手にした彼に声をかけると、「いいねえ。山はいいねえ」

と顔をくしゃくしゃにして笑った。

千丈ヶ岳の岩壁にはさまれた峡谷の人を圧迫する場所から、突然のごとく解き放たれたこの七三二高地にいると、山にいることの幸せがいちだんと増してくる。川のせせらぎを聴いていたら、テントにはもうランタンの灯がともっていた。天ぷらの用意がすっかりできていた。フキノトウ、ツクシ、ヨモギ、オタカラコウ、名前のわかるのはそれぐらいである。それに糸魚川で買ったイカと、次から次へと口に運び、そのたびに私が「うまい」と騒ぐ。

豊潤なブナ林に囲まれた七三二高地は、まさに現代の秘境そのものであった。眼の前にそびえる旗振山の南壁より、萌える新緑に私の目は吸いこまれていた。暗くなりかけた外にでると、空にはひさしぶりに星が手で摑めるように広がっていた。

ザイルなどの登攀具を片付けながら「岩登りより、明日はどうもこの辺の山に登りたくなっちゃった」とテントの中で私が口にすると、

「そうしよう。明日は雪がまだあるので鉢山の本谷をつめて頂上に行こう」

と大内教授は賛成してくれた。こういうときの彼のこだわらないところが好きだ。ヤブ山だろうが沢登りだろうが、山ならなんでもいいというおおらかさが彼にはあるのだ。その夜はさすがに睡眠不足で、七時には二人とも小犬のように丸くなってシュ

ラフに入ってしまった。

晴れあがった五月の朝ほど気持ちのいいものはない。川をせきとめられた七三二高地の広さは、いかにも「自分の陣地」という感じがして、のどかであった。

七三二高地をぐるりと囲むように駒ケ《こまが》岳《たけ》、鬼ケ《おにが》面山《つらやま》、鋸岳《のこぎりだけ》、鉢山、阿彌陀《あみだ》山《さん》、旗振山と、一五〇〇メートル前後の山々が連なっている。広い河原には雪どけ水の間からミズバショウの花が顔をだしている。

ヤブをこぎ鉢山の沢を二人でつめてゆく。この鉢山沢は夏は大滝が二つあり、登攀としてかなりむずかしい所なのだが、残雪のために今日は滝が埋まっているかもしれないというので、足どりは軽い。

どの雪が団子状態で落ちてくるのかという大内教授の講義を聞きながら、私は大滝がいつでてくるのか不安であった。ただザイルがないのであまり無理をしない、と二人の間で取り決めをしていた。なにしろ彼は岩登りのエキスパートでもあるので、すぐに人の行けない所を登っては喜ぶクセがある要注意の人物だからだ。

「この海谷のよさは、まだ探検の要素が残されているからなんですね。岩に取り付くまで五年間はこの辺の沢を全部つめて、ヤブの尾根道を歩いたものですよ」

大内教授は阿彌陀山を指さしながら、そう言って雪のかけらを口に入れた。急な雪渓がでてくると、私はアイゼンを持ってこなかったことをしきりに後悔していた。そのことを口にすると、彼は「こんな所、足を蹴るだけで充分」と言った。しかしピッケルもないので雪面を滑ったら、こわい箇所もあるのだ。

「滑ってもぜったい止まりますよ」と彼は相手にしてくれない。早川乗越《のっこし》が見えてくると、山稜もしだいにせりあがってきた。心配していた二つの大滝は雪のために消えていたのだが、ピッケルがないので数歩登っては足元に注意するのであった。

小休息のときに適当に拾った枝木の先を、雪に突きさするようにナイフで削っていると、大内教授はふっふっふと人をバカにしたように笑い、雪をポイと口に入れた。

透きとおるような空である。天気も申し分なかった。空がますます青くなってくるときの山行は、気分がウキウキする。しかしピッケルがほしい……。切れるナイフで枝をスパスパととがらして、また出発だ。

「残雪の沢はいいねえ。だいいち石やうるさいヤブがなくて」二人して無駄口をたたきながら三時間、鉢山の峠にたどりついた。私はザックにどっかりと腰を下ろし、夏ミカンを口にほおばる。彼はカメラを手に、鋭い岩肌を見せる烏帽子岳にさかんにシャッターを切る。大きなスキー場のような雪面を指さし、「ここは山スキーにもいいんだよ」と、以前、ある山岳写真家とツアーに来たときのことを話してくれた。

雪面の奥に小さく笹倉《ささくら》温泉の小屋が見え、いかにも越後の山といったおだやかな山並みが広がっていた。私が、心の中にしまっていた海谷山塊の印象について彼に語ると、

「ここのよさはけっして岩壁だけではなく、山、本来の原始の世界が残されているところなんだ」と言った。

鉢山の頂上まであと一時間もあれば往復できるという。先のとがった枝を手に、踏み跡のまばらな縦走路を私たちは登りはじめた。「七三二高地」が昔のまま残されているならば、何度もここに来るだろうと私は新しい山を発見した喜びに満ちあふれていた。

ただ海谷本来の怪しい雰囲気は、やはり岩壁を登らないことにはわからないかもしれないなと思った。

ビールとおでんとナベ焼きうどん〈丹沢・鍋割山〉

待ち合わせ場所は小《お》田急《だきゅう》線の秦野《はだの》駅であった。めざす丹沢の山脈は朝から小雨に煙って、初夏だというのに寒そうにちぢこまって見えた。

この秦野駅に私は何年ぶりに降りただろうか。夜行日帰りの表《おもて》丹沢の縦走をしたのは、あれはいつだっただろうか。たしかあのときは大秦野《おおはたの》と駅名が表示されていたはずだが、今は「大」を取って単純に秦野と変わっている。

それは私の住んでいる町田《まちだ》の駅にしても同じだ。ほんの数年前は新原《しんはら》町田と呼ばれていたのに、いつの間にか、ただの町田になってしまった。沿線の人口増加にともなって、少しずつ駅名を現代的に手直ししているのかもしれない。

約束の時間がくると、駅前にピタリと白い大きな４ＷＤの車が横づけされた。きっとあれが松田《まつだ》宏也《ひろなり》さんの車にちがいないと私が近づいていくと、「やあ、ごぶさたしておりました」と運転席から、あの人のよさそうな笑顔が見えた。

新車をこの四月に購入したばかりなので、休日はいっときでも「恋人」と一緒にいたいという心境らしい。


「どうも、天気がはっきりしませんねえ」早朝の強い雨はあがったのだが、厚い雨雲に松田さんのあいさつも元気がない。

私が松田さんとはじめて会ったのは、昨年秋の、小川山の岩場でである。そして今年の四月に、偶然に京都の新幹線のホームでバッタリ再会したのだ。たまたま私は雑誌の取材で、京都の桜を見に行った帰りであった。

そのとき私は大酒を飲んでおり、ふらついていた。松田さんの顔をすぐさま思い出せなくて「ハア」などと、なんとも間のぬけた失礼な顔をしていた。「小川山の岩登りで、隣にいた松田ですよ」と言われるまでわからなかった。

「ああ、ごめんなさい。お元気ですか」

とあわてて返事をして、列車の発車のベルにせかされ、「今度、丹沢にご一緒しませんか」とお願いして、あっけなく別れてしまった。

小川山の、通称ガマスラブは、初心者の岩登りの練習に適しており、私が幾度となく仲間とザイルをつけては、いつも小さな手がかりになる岩にしがみついていた所だ。

そんなあるとき、松田さんが隣にいたのだ。仲間の一人に「あの人、ミニヤコンカから奇跡の生還をはたした松田宏也さんだよ」と教えられるまで、本の中だけの人だった。

膝下から両足がなくて、しかも両手の指のない人が、いくら山が好きだといっても岩登りはとうてい無理だろうと私は思っていた。しかし眼の前で、雨ですべる岩場を一歩一歩確実に登る松田さんの足どりに、私は愕然《がくぜん》とした。そしてあまりのバランスのよさに心から唸《うな》ってしまった。上まで登り、テラスから懸垂で下りてきた松田さんに、仲間の一人は「いやーまいった。このスラブを登るなんて」と声をかけると、彼は眼をキラキラさせながら、「実は今日はじめて岩登りに来たんですよ」とうれしそうに言い、岩場を下から満足そうにじっと眺めて、いつまでも立っていた。

登山訓練所のある勘七《かんしち》ノ沢《さわ》の出合《であい》に車を置き、歩きだしたのは十時を過ぎていた。「鍋割山《なべわりやま》の頂上まで二時間もあれば行けますよ」松田さんは通いなれた登山路を指さした。いくぶんだが空も明るさを増してきた。

今回同行してくれたのは雑誌「山と溪谷」編集者の三島悟《みしまさとる》と知人の野平明子《のひらあきこ》である。二人とも飲み仲間といった間柄で、いつ会っても屈託がない連中だ。

勘七の冷たそうな沢を石づたいに渡るとき、これから沢をつめるのか、わらじを水にしめらせている二人の若い学生らしき男がいた。ハデな赤いウェアにわらじ姿がなんだかおかしくて私は一人クスリと笑った。もう二十年前になるだろうか、私がこの勘七と水無川《みずなしがわ》を登ったのは……。

野平さんは沢に水筒の水を捨てた。彼女は山登りはまったくの初心者で、今日も姪の、遠足用の大きな水筒を肩から下げてきたのだ。しかも家を出るときから水をつめてきたのだ。

松田さんに「もっと上においしい水があるから」と言われ沢に水を捨てたのだ。彼女は松田さんから柄の長い傘を借りて、それを杖がわりに「エヘヘ」とうれしそうに笑いおどけながらついてきた。

野イチゴを口にしながら、林道から細い山道に入ると、最後の水場といわれる所に着いた。

小さな沢から岩をつたわって、冷たそうな水が落ちていた。前に通った人が、飲みやすいように大きなササの葉を岩にさし、てごろな飲み口が作られてあった。

「ササの葉とは風流なものですなあ」と三島さんはおいしそうに水を飲んで「うまい」と大声を出した。丹沢の水は昔から名水として有名である。口にふくむと、森を通ってきたやわらかい味がした。

「うん。これは日本百名水に入れよう」

と、えらそうな声を出す。たしかに岩の多い北アルプスの水と比べて軟水でまろやかであった。ひんやりした水場の横で一本たてることにした。

それにしても松田宏也さんの足どりのたしかさに私はびっくりしてしまった。とても障害のある人の登り方とは思えなかった。このスピードでは野平さんどころか私も、頂上まで一緒に歩けるかどうか不安である。

水場からいよいよ本格的な急登の山道を、後沢《うしろざわ》乗越めざして登りはじめた。なつかしい山の匂いにつつまれながら、一歩足をあげるたびに汗が出てくる。こんな急登はあせらずに、体から噴き出る汗を楽しんでいればよいのだが、ふだんのトレーニング不足と怠惰な生活がもろに災いして「ああ、オレもすでに四十代か」と、動かぬ足元がうらめしくなる。

「だいたいこの辺に来るとみんな無口になるんですね」と松田さんはみんなに笑って言った。

太いスギ林が一面に広がった所で、ひとまず汗をぬぐうために休憩をする。スギ林は昼間から暗いが、この山の物音ひとつしない静まった林は、「森の静寂」といった雰囲気がぴったりだ。

切株に腰を下ろしていると、「この頃は無性に、こんな木や緑が恋しくなりましてねえ」と松田さんは低い声で言った。

「松田さんはたしか同志社大学だったから、京都の北山杉《きたやま》なんかよく知っているんじゃないですか」と三島さんが言うと、「北山は宴会場所だったんです。それにあの頃はハードな山登りばかりに眼がいって、木なんか全然興味がなかったですね」と松田さんはスキーストックに寄りかかるようにして言った。

「本当に木がある日本の山はいいですねえ」と彼はしみじみとした声を出した。

後沢乗越まで一時間であった。晴れていれば見晴らしのいい所だ。あいにくの天気なので視界が悪いが、ボンヤリと相模湾《さがみ》が見え、小さく江ノ島《えのしま》が浮かびあがっていた。

「あと頂上まで一時間ぐらいですか」

と、野平さんが不安そうな声で松田さんにたずねると、「ここからの登りがいいんです。晴れていると富士山が見えましてね」と、何十回も通った愛着のある鍋割山への登山路について語った。

「しかし僕は木の名も花の名も知らないので恥かしくて」と松田さんはしきりに頭をかいた。というのは先月、赤岳に登ったとき、年配のおじさんたちに、「松田さんはこんな花の名前も知らないのですか」と言われ、だいぶ恥をかかされたというのだ。

それは私にしても三島さんにしても同じで、野平さんが指さした白い花に対して、「なんだっけなあ」となんとも頼りない返事しかできなかった。

急登が続き、目尻に汗がしみ込みしくしく痛みだしたとき、雑木林とクマザサにおおわれた平坦な道に出た。野平さんはさすがに松田さんの速いペースに疲れたのか、「ああ、やっと平らな道。わたしこの道を幸せの小径《こみち》と呼ぶことにするわ」とそこでザックを下ろした。

「いやあ。これは写真家の喜びそうな風景だ」と三島さんは言った。雨にしっとりぬれた草木の向こうに、ボーッとスミでぬられたような山が見えた。

「ここからの富士山は最高で、ばかでかいとしかいいようのない大きさで見えるんです」と松田さんはしきりに残念がっていた。

「それに落葉の頃にこの尾根道を歩くと、なんとも幸福な気分になりましてねえ」

私は松田さんが好きだという風景のひとつひとつに、ただただ感嘆するのであった。想像力を働かせなくても同じ山好きな人間として、この山道の春と秋の景色が眼に浮かぶようである。

野平さんの言う「幸せの小径」を通り、三十分もするとやがて鍋割山の頂上にポッカリと山小屋の屋根が見え、たくさんのハイカーが思い思いに昼食をとっていた。

「ワァーッ着いた」野平さんは子どものように両手をあげはしゃいだ。「松田さんどう？　よくがんばったでしょう」と彼女がうれしさをかくしきれないでいると、松田さんは、「エライエライ、うちの会社の女の子はもっと遅いよ」と言った。

霧を含んでめっきり冷たくなった風が私たちの体を包んだ。

鍋割山荘の玄関をあけると、

「やあ。雨だったので心配してました」とガッチリした精悍《せいかん》な顔が奥から出てきた。松田さんが「山荘の管理人の草野延孝《くさののぶたか》さんです」と私たちに紹介してくれた。まだ改築中で板が何枚も立てられてあり、ヒノキの太い丸太が真新しかった。

「この小屋の資材は草野さんがすべて下から背負ってきたんですよ」と松田さんが言うと、草野さんは「いやあ」としきりに頭をかいて、「まずはビール飲みます？」と話をそらした。

たまたま壁に張ってあった鍋割山荘の新聞記事を見たら、毎回平均八〇キロの荷をボッカして、建築までたった一人でしたと知り、「まったくすごい人間がいるもんだ」と、私はビールとおでんを口にしながら思った。もっとも草野さんはアコンカグア、インド・ヒマラヤ、ダウラギリと、海外遠征の実績をもつ現役のクライマーだから、それぐらいのパワーがあっても不思議はないかもしれない。

「ここのメシがまたいいんですよ。ボリュームもすごいけど、なにしろ朝にトーフが出てくるんですから」と松田さんは言った。

薪《まき》ストーブにあたりながら、松田さんが「鍋割山荘だからナベ焼きうどんにしよう」と言うダジャレに笑った。しかしこれがおいしかった。手をぬいていない料理で「こんな山の上で」とふたたび感心していると、野平さんは「せっかく汗をかいて減量したから、ついでにお昼もこの際ぬいてやせるんだ」としおらしいことを言って塩コンブをなめていた。下りは道のいい小丸《こまる》尾根を一時間も下れば車にもどれるので、一食ぐらいぬいても平気である。

少しのビールで「いや、まあ、いいですな」とわけのわからないことを口にして、私は一人いい気分になっていた。

「ホタルがこれから出てくるんです。ぜひ今度泊まっていってくださいよ」と草野さんが言うと、

「ホタル？　へえー。でもここから夜景を見たらきれいでしょうね」と、野平さんはしきりにあいづちをうっていた。

どの客も草野さんを慕ってこの山小屋に来るのか、「こんにちは」と気軽に入って

きてはコタツに足を投げ出し、ゴロリと横になるのであった。昔のよき山小屋そのままの風景である。

最近は、若い小生意気なアルバイト学生が山小屋で大きな態度をして、うんざりさせられるのだが、この鍋割山荘では管理人も客も小屋のマナーを知っているようだ。

「遅刻をした罰金として、ここは三島さん払ってよ」と私が言うと、彼は頭をかきかき「ようござんす」と言った。なにしろ彼は約束の時間に一時間半も遅刻したのだ。免許取りたてで、慣れない道を走ってきた結果である。

鍋割山荘の裏の雑木林に入っていった野平さんが「わあ、ロマンチック」と少女のような声を出した。クマザサに囲まれ、木々の間を霧が流れていく。草野さんを中心に記念写真を撮り、別れた。

あとで松田さんに教えられたのだが、草野さんもヒマラヤで凍傷にかかり、両足の指をほとんど失っているのだ。「まったくなんていう男なんだ」と私はあきれてしまった。資材総重量約六トンをそんな人が頂上までかつぎあげたのだ。これを聞いてたまげない人はいないと思う。

小丸峠までの道も、野平さんいわく「幸せの小径」といった平坦な道だったが、酒を飲んだ三人の男たちの息は荒かった。

「この汗で完全にぬけちゃうね」と松田さんが言うが、とめどもなく流れる汗に、私はときどき足を止めるしか方法がなかった。

後沢乗越から前後しながら登ってきた年配の夫婦連れが、首を振りながら「小丸の下りはどこですか」ともどってきた。

「もうすこし先です」と松田さんが言うと、ニッカーズボンをはいた髪の白いおじさんは、「ハア、そうですか」と一人でどんどん登り、奥さんを見向きもせずに歩いていってしまった。奥さんは「あの人はまったく勝手な人なんだから」といった表情をして、トコトコ遅れ気味についていった。

「あの夫婦はおもしろいね」と三島さんはクスっと笑った。「山に来てウォークマンをして、あのおじさん、詩吟を歌いながら歩いているんだから」と言った。

しばらくして大丸《おおまる》、金冷《きんひや》シノ頭《かしら》、塔ノ岳《とうのだけ》に続く道と小丸の下り道の分岐点に出た。ちょっと見た目にはわからない、木におおわれたケモノ道のような下りだ。

「これがそうなのか」とウォークマンを腰にさしたおじさんは一人うなずき、やはり一人でドンドン下っていってしまった。

案内板の下に大きな白い石がゴロゴロしているので、私が不思議そうに見つめていると、松田さんが「ああ、その石はボッカ訓練の石ですよ」と言った。手にするとずっしりと重く、二俣《ふたまた》の出合からここまでかつぎあげる苦労は、なみたいていなことではないと思った。

「まあ、みなさん大変なこと」と野平さんは自分に関係ないというように涼しい顔をして言った。

小丸からの下り道は、右側に後沢乗越から鍋割にいたる尾根が開け、見晴らしがいい。

「ああ、大島《おおしま》が見える。あれは伊豆《いず》半島」と野平さんが大きな声を出した。

松田さんも「僕はこの景色が好きでしてねえ。いいでしょう」とうれしそうにうなずいた。

すっかり霧がとれ、眼の前に湘南《しょうなん》の海と厚木《あつぎ》の街が広がり、アクセスや歩く行程も短いわりには山の空気を満喫できてこれは儲けものと、丹沢の山に私は感謝していた。

松田さんはミニヤコンカから生還して、この近くの厚木の総合病院に長いこと入院をしていたので、毎日のように丹沢の山々を窓から眺めていたのだ。著書『足よ手よ、僕はまた登る』のなかで、松田さんは丹沢の夕焼けを見ながらこんなことを書いていた。

「――丹沢の夕焼けが僕の過去と現在の苦悩を吸いとってくれているような気がす

る」

「松田さん。私の住んでいる町田からも大山《おおやま》を中心にした丹沢が美しいですよ」と私は広がる風景を見ながら言った。

家の近所に七国山《ななくにやま》という小高い丘があり、暇があると夕方など犬と一緒に散歩するのである。長い会社勤めから離れたのが二年前である。丹沢の山を見ながら、これからの将来のことをあれこれずいぶん悩み考え込んだものだ。冬など雪のかぶった丹沢の山々はおごそかな感じがした。海が好きな人はなにか考えごとをするとき、よく一人で海を見に行くというが、山も同じだ。

私が家の近くで見ていた丹沢の山と、松田さんの見た山とは、思いはだいぶちがうだろうが、十七年間勤めた会社から別れるときはせつなかった。毎日のように眺めていた丹沢にいま登っているのだ。

スギ林のなかを下りていくと、どこから来たのか、いつの間にか二匹の大きな犬が松田さんのまわりについてきた。

「シロシロ」と野平さんが一匹の大きな白い犬に声をかけると、尻尾をさかんにふっていた。

三人と犬が前後しあうように山から下りていった。

思い出と安らぎのコーヒー〈阿弥陀岳北西稜〉

積雪期の阿弥陀《あみだ》岳《だけ》の北西稜は、中級者の岩登りルートにしては手ごわい岩壁である。取付点は赤岳鉱泉から中山《なかやま》乗越を越え、柳川南沢を三十分ほど下った所である。ラッセルの跡がついているからいいようなものだが、初めて登る人には不明瞭な所だ。ここから森林限界までの急登はドカ雪で苦しめられる。

ハイマツがびっしりと茂った斜面を右に左に踏み跡をたどっていくと、やがて森林限界を抜け、ひと休みしたいと思う頃、うまいぐあいに岩場の下にたどりつく。そこで初めてザックから登攀道具を取り出し、一服する。

この北西稜の登攀に、プロガイドの通称ヤマキンさんこと山崎《やまざき》金一《きんいち》さんと、お客として早川《はやかわ》薫《かおる》さんと私が参加した。同じ頃、私の仲間たちは、やはりプロガイドの鈴木《すずき》昇己《しょうみ》さんと中山尾根を登っている。

信頼できるプロガイドがついている山行は不安感はないが、春とはいえ、岩と氷のミックスした北西稜のスカイラインが吹雪の中で見え隠れするのを眺めていると、かすかに胸騒ぎがしてくる。

一緒に登る早川さんは、失礼ながら中高年といっても、高年に近いご婦人である。しかし赤岳周辺の壁で登っていない所は、大同心《だいどうしん》と北西稜ぐらいで、つい先日も小同心《しょうどうしん》クラックを登ったばかりのガンバリ屋である。岩登りに関しては、私より確実に数をこなしているベテランでもある。

森林限界を早川さんとおしゃべりしながら登っているとき、私は彼女に「メスナーおばさん」とあだ名をつけた。

北西稜はリッジ沿いにルートが走り、私とメスナーおばさんは、ホールドが不安定な岩壁帯を次々と越えていった。途中までは冗談がポンポン出てきて楽しい岩登りであったが、核心部の覆いかぶさるように軽く突き出た壁に出たら、冗談も引っ込んでしまった。

トップで登るヤマキンさんのアイゼンの足元を、私と早川さんは息をころしてじっと見つめていた。ひと昔前はアブミを使用したルートなのか、ハーケンが上へ上へところかまわず打たれていた。凹角《おうかく》の屏風を立てたような壁を、ヤマキンさんは華麗にリズミカルに登っていく。そして左側に消えてしばらくしてから大きな声がかかった。

早川さんは「平気かしら、登れるかしら」と不安そうな声を出しながらも、ゆっくりと身を岩壁に移した。さきほどまで降っていた雪は止んだが、空は鉛色である。リッジの上から赤岳の西壁が乳白色のモヤの中にボンヤリと見えた。

アイゼンのきしむ音と荒い息が聞こえてきた。早川さんは一度足を滑らせたが、雪まみれになってはい上がっている。ここからはもう引き返すわけにはいかないことを彼女も知っているはずだ。とにかく壁に取り付いたら、登らないことには登攀が終わらない。

ハーケンから長く赤いスリングがたれ下がり、そこに腕を通した早川さんは「ザイルゆるめて」と大声をあげた。そしてひと休みして荒い息をととのえてから、ハング状の岩壁を強引に登っていった。

「メスナーおばさん、やるではないか」

私はポツンとつぶやいてから、早川さんの取り付いた所よりいくらか右側から登り始めた。下にすさまじい高度感の左右に切れたルンゼが見えた。早川さんに負けてはならじと、ファイトいっぱいで壁に取り付く。岩から体を離すこと、一度おいたアイゼンは決して動かさないことなど、注意事項が頭に浮かび、やけに自分自身が落ち着いているのが感じられた。

登るにつれて岩が頭上にせまってくるのだが、体を思い切って岩から離すと、意外に足場にめぐまれ、スムーズに核心部を越えられた。

確保地点でヤマキンさんと早川さんがニコニコして待っていてくれた。

「いやあ、厳しかった」と言いながら私は彼らの横にどさっと座り込んだ。

早川さんは、もうまるで子どもがはしゃいでいるような顔と声で、

「こんなの初めて。ね、ヤマキンさん、私よく登ったでしょう。ね、ね」

と彼の顔をのぞき込んでいた。

ヤマキンさんは「なんといったって女メスナーですからねえ」とニヤニヤしながらテルモスのふたをあけた。

「ここからはもうのんびりですよ。しばらく休憩しましょう」と、ドライアイスのようなモヤがかかった場所で一服するのであった。

私はまったくハーケンにさわらずフリーで登れたので、久しぶりに満足感でいっぱいだった。

私たちの後に続いてきた五人組のパーティは核心部の下で別のルートに変更したの

だろうか、なかなか現われなかった。まだ若い五人組はふたつのパーティに分かれ、私たちにピッタリとついてきたのだ。一度「僕ら中年組ですからお先にどうぞ」とラストの私が声をかけたら、「いやー、うちの彼女はまだビギナーですから」と、先に行こうとはしなかった。

下から登ってきた大学生らしきその彼女の眼が、ヘルメットの下でキラキラと光っていたのが、私にはひどく印象に残った。その澄んだ眼を見たとき、都会では決して出会うことのない瞳だと思った。キザだが、山に入ると体も心も澄んでいくのが眼にあらわれてくるのだ。都会の毒が体から汗となって流れていくのだろう。

阿弥陀岳の頂上で会いましょうと声をかけて私たちは先行してきたのだが、上がってこないところを見ると、やはり下山したのだろうか？

ふたたび小雪がちらつき始め、時計の針が正午をさす頃、頂上に着いた。赤岳から縦走してきた二、三のパーティが頂上で円になってザックを下ろし、赤岳に見とれていた。

「登った。ついに登った」

メスナーおばさんはこれ以上うれしいことはないと、両手をヤマキンさんの腕にからめて喜んでいた。早川さんのあまりのはしゃぎぶりに私はあきれて、「楽しかっ

い。

とひとこと、簡単にヤマキンさんにお礼を言った。

「あとは大同心だけね。ヤマキンさん、来年ぜひ連れていってね、ね」

メスナーおばさんのこうした興奮が頂上でしばらく続いたので、昼食どころではない。

「頂上でごはんもいいけど、下りは一時間ぐらいだから行者小屋《ぎょうじゃ》でコーヒーというのはどう」ということになり、思い思いに中岳《なかだけ》まで下ることにした。

私は下る途中でしばし足を止め、赤岳から横岳《よこだけ》、硫黄岳《いおうだけ》の稜線を眺めては、「八ヶ《やつが》岳《たけ》はいい山だなあ」と感心していた。

八ヶ岳を登ろう……初めてそう考えたのは高校一年の初夏であった。山好きの兄の本棚には山の名著がたくさんあった。『北八ッ彷徨』という小さなつくりの本を見つけたのはその頃であった。ある夜、私はその本を手に、そっと布団にもぐり込んで読みふけった。朝方までページを閉じるのが惜しくなるくらい、素晴らしい文章がつづられていた。

丹沢、奥多摩、奥秩父《おくちちぶ》と近隣の山を登ってきて、次は八ヶ岳だと思っていた時期なので、私はいっきに著者の山口耀久《やまぐちあきひさ》氏の世界にのめり込んでいった。

とりわけ、北《きた》八ヶ岳の幻想的な森の記述にひかれた。著者は北八ヶ岳を「言ってみれば、ドイツ・ロマン派や北欧のもつ、あの透明で憂鬱な詩情に通じる雰囲気がある」と紹介していた。多感な高校生にとって八ヶ岳は単なるひとつの山ではなく、哲学や文学を深く考えるような場であり、一生つきあっていける山のように感じられた。

何度も布団の中で本を読みふけるうちに、私の頭の中には鋭角の稜線が続く南《みなみ》八ヶ岳と、瞑想《めいそう》的な北八ヶ岳の山の違いが鮮やかに描かれていった。

五月の最後の週の金曜日に、私は学校をズル休みして、ひとりで小淵沢《こぶちざわ》を起点にして松原湖《まつばらこ》までの八ヶ岳主脈縦走に出かけた。小淵沢から編笠山《あみがさやま》までの裾野には朝のすがすがしい風が吹いていた。赤岳までの長い頂への期待で胸がふくらんでいた。

初めての八ヶ岳なのだが、何度も本を読んでいたので、赤エンピツでしるしのつけられた地図を広げれば、不安感は何もなかった。

当時は小屋に泊まるときは、お米を持っていかなくてはならないしきたりで、兄から借りたザックの中には二合の米が紙袋に包まれてあった。

初夏の山麓は、スズランやツツジが咲き、天候に恵まれたせいもあるが、編笠山の青年《せいねん》小屋に着いたときはうれしさでいっぱいであった。途中途中で南《みなみ》アルプスの眺望を心ゆくまで満喫していたからなおさらである。水筒に水を補給して、権現岳《ごんげんだけ》から気をひきしめて、クサリの付いたキレットの岩場を通過して赤岳に着いたのは、すでに夕方に近かった。ひと足ごとに赤岳の頂が近づき、山頂に立ったそのときの喜びといったらなかった。

遠くに暮れゆく北アルプス連山のシルエットが重なりあい、そして南アルプス、奥秩父、富士山、赤城《あかぎ》、上越《じようえつ》の山が遠くにかすむ。北も南も東も西も、山、山、山と、まるで日本中のすべての山が見えるかのようだった。

冷たい風に吹かれていたら、学校をサボってきたことがチラリと頭の中をかすめたけれど、学校の生活がひどく小さく遠くに思えてならなかった。

期待して入学した高校生活は、私にとってはすでに色あせたものになっていた。当時、私は自分が、学校からの逃避として、山に登り始めるに違いないという確信をもっていた。——逃避としての山。今から考えると、なんと少年らしい発想だったのだろうかとおかしいのだが、あの頃はそんなことで頭をいっぱいにしていた。

ランプのついた暗い頂上の山小屋には、数人しか客はおらず、夕食を食べおわるとコタツに足を入れ、泥のように眠ってしまった。

次の日の早朝、起きると飛び出すように小屋をあとにして、横岳、硫黄岳、夏沢峠《なつざわ》とスピードをあげ、最後に松原湖駅に着いたときは、まるで大冒険をした気分で高揚していた。

私にとっては、学校生活よりも勉強になった初めての山行であった。そしてその秋に、北八ヶ岳に足をのばした。

八ヶ岳ほどひとつの山に執着した山も、私にとっては珍しいことである。夜行日帰りで頂上を踏むことが可能な山ということもあるが、数えきれないほど八ヶ岳に足をのばした。美濃戸口《みのどぐち》から小海《こうみ》線方面の横断、南八ヶ岳と北八ヶ岳の冬の全山縦走、同じく赤岳鉱泉をベースにした冬の岩登り、秋の縞枯山《しまがれやま》、雨池《あめいけ》あるいは白駒池《しらこまいけ》周辺の落ち着いた、それこそ北欧のような風景……と、おそらく二十回は八ヶ岳に通っているはずだ。

新婚旅行に八千穂《やちほ》高原に行ったくらいだから、よっぽど八ヶ岳にほれ込んでいたのだろう。

冬山というと八ヶ岳、という具合だったのも、厳冬期とはいえ天候が比較的安定していて、季節風の影響が少ないこと、そして大規模な雪崩が少ないことが、私みたいなビギナーにとっては安心できたのである。

冬山のあらゆる要素を含み、アルペン的な風格にも触れられるし、また赤岳西壁のように変化にとんだ岩場のルートがたくさんある八ヶ岳は、冬の岩登りをする人にとってもこたえられない山であった。

あれは春の終わり頃だったろうか、カミナリでひどい目にあったことがある。悪天候で、雪があるというのにカミナリがテントの近くに落ちたのだ。

野辺山《のべやま》駅から小天狗《こてんぐ》を越え、県界《けんかい》尾根から赤岳に登る長いコースを、四人の仲間と行ったのだが、その日は駅を出たときからまったくおかしな天気であった。変に生あたたかい風が吹いていたかと思うと、雪が降りだし、そのうち雨に変わり、尾根の真ん中にテントを張ろうと準備していると、まったくなんの前ぶれもなくパチンコ玉ぐらいのヒョウが降りだしてきた。あわてて頭にカッパをかぶせウロウロしていると、金属のコッフェルがビーンと妙な音をたてるのである。なぜ金属がそんな音をたてているのかと思ったとたん、近く、ほんの数十メートル先の大木に、青光りを放ったカミナリが爆音をたてて炸裂したのである。「ワーッ」と叫び声をあげて、私たちはどうしていいかわからなくて、チリヂリになって逃げた。

「オーイ、カミナリだ」

リーダーの先輩が真っ青な顔で、みんな地面に伏せろと手で合図をして、雪どけの水たまりに全員でへばりついていた。二十分ぐらいしてカミナリは遠ざかっていった。金具のバックルをしていた先輩は、あわててバンドを遠くに放り投げていたので、ニッカーズボンを押さえながらバツのわるそうな顔をして、「バンドどこにいったのかな」と草の合間を探していた。

春のカミナリに遭ったのは初めてだったので、私はまたやってくるのではないかと、その夜は湿ったシュラフの中で眠れなかった。ちょうどその日、槍ヶ岳《やりがたけ》の頂上直下で登山者が落雷のために死んだというニュースがラジオで報道されていた。

季節によって八ヶ岳の山行も違ってくるが、冷たい乾いた風が吹く九月からの北八ヶ岳は、まさしく山口耀久氏の書く『北八ッ彷徨』の世界になる。

縞枯山から雨池を見ると「どうしてこんな所に池が」ととまどい、くすぐったい気持ちになる。女性の登山者に北八ヶ岳のファンが多いのもうなずける。山小屋はそれぞれ独特な雰囲気をもっていて、一年に一回は必ず訪れるといったロマンチックな乙女がたくさんいるのだ。そういえば山での野外コンサートを開いたのも北八ヶ岳の小屋が最初であった。

『北八ッ彷徨』が出版されて早いもので三十年経つが、北八ヶ岳は今も苔と森がどこまでも続いていて、変わらない。ただこの本が何年か前に絶版になったと知り、悲しい気分になったのを覚えている。どこかの社が文庫本で出してくれることを祈る。カラーのたくさん入った山の本では、北八ヶ岳の魅力は語りつくせない。

阿弥陀岳頂上から中岳のコルに着くと、ヤマキンさんは「私らがいちばん早いかもしれないね」と言った。中山尾根と赤岳往復コースに行った連中と比べて言ったのだ。まだ興奮さめやらぬメスナーおばさんは、私とは逆に何度も阿弥陀岳頂上を振り返り、「登れてよかった」とひとりごとのようにつぶやき、眼を細めていた。

中岳の下りは尻セードにちょうどいい傾斜があり、ヤマキンさんとボブスレーのように競争しながら行者小屋まで下りてくると、「いやあ、速いですねえ」と小屋の若い人が出てきて、ヤマキンさんにあいさつをした。「今、うまいコーヒーが入っていますから、ひとついかがですか」と私の顔を見て言った。

「八ヶ岳はこうして見るといい山だなあ」と、あらためて赤岳を指さしながらヤマキンさんに声をかけると、「オレもこの山好きなんだ」と照れたような顔をして彼はニヤリと笑った。

コーヒーカップを手にして山に見とれていると、早川さんがピッケルをふりふりやってきた。彼女に「ご苦労さん。おいしいよ、コーヒー」と言うと「わあっ、いい匂い」と子どものようにはしゃいで、「山で飲むコーヒーがいちばんおいしいのよね」と、ニッコリといい笑顔を向けて言った。

薪ストーブでシカ焼き肉〈雲取山〉

東京に住む人にとって雲取山《くもとりやま》（二〇一七・七メートル）の存在は大きい。なにしろ世界有数の大都会の奥にデンと二〇〇〇メートルを超す山があるのだ。年々暮らしにくくなる東京都民にとって、いまなおひっそりと原生林に囲まれた雲取山があることは、心の安らぎともいえよう。

　またこの奥秩父一帯は都の大事な水源地帯で、多摩川《たまがわ》だけでなく、荒川《あらかわ》、千曲川《ちくまがわ》、富士川《ふじかわ》などの水源もすべて奥秩父に集中している。奥秩父に降った雨が、私たちが東京で毎日飲んでいるコップ一杯の水になる。

　この奥秩父の名の由来は『秩父の奥山』からきていると山の本で知って、思わず苦笑してしまったことがあるが、これは近代日本登山界の大先輩である木暮理太郎《こぐれりたろう》、田《たな》部《べ》重治《じゅうじ》が命名したというからなおさらである。あんなに立派な人たちである。もっと

ほかに呼び方もあってよさそうなのだが……。はじめは山域を単に説明するための便宜的な名前だったのだろう。

しかしいま「オクチチブ」とあらためて口にしてみると、独特な響きがあり、すわりがよく落ちつく。奥秩父の範囲は明確にされてはいないが、拡大解釈すると西上州《にしじょうしゅう》から信州《しんしゅう》の山にまで及ぶというから、広いことはたしかである。ゆったりとした山容と深い樹々におおわれた奥秩父は、その澄んだ水とともに山の貴さを教えてくれる。

さて奥秩父というと、私はこのところ岩登りで一躍有名になった、金峰山《きんぷさん》のとなりの小川山にばかり足を運び、東京の玄関口の雲取山にはすっかりごぶさたしている。尾根筋の雪もほとんど消えはじめた陽春の日は、ぶらぶら奥秩父を散歩するのにちょうどいい気候である。いつまでもむきになって岩壁にぶら下がっているのも大人げない。

雲取山は登路も明瞭、指導標も完備、山小屋も管理人が常駐で何ひとつ困ることはない。天候も春うらら。こういうときは山を遊びつくした余裕のある人を誘うに限る。アンナプルナに連れていってもらったヒゲの大将大蔵喜福《おおくらよしとみ》と、北極から帰ってきたばかりのカメラマンの佐藤秀明《さとうひであき》に声をかけると、「いやあ、雲取山？　何十年ぶりかなあ」と二人とも電話の向こうでなつかしい恋人に出会うかのごとく、なにやら照れていた。山に登るのに照れることはない。

平日の山登りは本当にのんびりできる。電車にしても奥多摩駅に降りたのは私たちを除いて二、三人である。都内の桜はすでにすっかり散ってしまったのに、駅前の桜は満開である。

多摩川の水源林地帯では、一年に三回花見ができるといわれている。青梅でまず開花してから一週間すぎると、花は小河内《おごうち》ダム周辺に移り、五月の連休頃には塩山《えんざん》市落合《おちあい》まで西下する。

佐藤秀明も大蔵喜福も、バスの中から桜のトンネルにしばし黙って見とれている。淡いピンクの花びらが可憐である。垂れ下がった桜の枝がバスにふれるたびに、花びらが窓の隙間からパラパラと座席に舞ってくる。

桜というと、私の頭の中にある風景はいつも物悲しい。

大学受験に失敗してうなだれながら歩いたお堀端の桜。あるいは落第が決定したときに見た構内の桜と、ロクな思い出はない。桜は自分にとって隠しておきたい青春の甘ずっぱい花のひとつである。

雲取山へは、お祭《まつり》のバス停から後山《うしろやま》林道を歩き、三条《さんじょう》の湯《ゆ》を経て登ることにした。

桜の開花から新緑の頃の山歩きは気分がウキウキする。佐藤秀明などはすでに得意の口笛がでている。

しかしこの時期に二〇〇〇メートルぐらいの山に登るのがいちばん始末におえないのだ。ほとんど夏山と変わらないときがあるかと思えば、腐ったドカ雪に身動きがとれなかったり、あるいは北面の下りのアイスバーンで苦しめられたりで、油断ができない。

だからお山の大将の大蔵喜福のザックに、にぶく光るピッケルを見つけたときは、「大げさな」と笑うことはできなかった。さらにアイゼンも持ってきたというからさすが古ダヌキ、ぬかりがない。

それに比べて私と佐藤秀明は、「こんなあったかい日が続いているから大丈夫」と、はじめから夏山気分で雲取山をなめていた。雪に対する防衛策としては、革の登山靴をはいてきたことぐらいであった。

後山林道を一時間ほどのんびり歩き三条の湯の小屋の前で昼食とした。私がひと息ついて小屋の前に腰をおろしていると、遅れて二人が汗をふきふき登ってきた。「久し振りの山でね」と、佐藤秀明はザックを投げだし自分の言葉に気恥かしそうに笑った。

フランスパンに中身があふれそうなハムと野菜をはさんで口にほおばり、片手にはコーヒー。食事はよし、空気もよし。山の木も冬眠から覚めて、春のもやのようにかすかにゆれ動きはじめているようだ。そしてあと二週間もすればミズナラが芽吹き、シラカバのみずみずしい若葉が小屋のまわりをおおうことであろう。

雪どけの冷たい水で沸かしたコーヒーが殊の外おいしい。そしてブルーチーズが口の中でとろける。

「日本の山は結構ですなあ」北極帰りの佐藤秀明からさかんに溜息がでる。私はあたりの山容をボンヤリと見ていた。

「雲取山は中学生のときに来たから、三十年ぶりだよオレ」と突然思いだしたように彼は言った。佐藤少年は昆虫採集の網を手にし、この辺の山をうろつきまわっていたという。

「オレも十八のときに東京にでてきて、はじめて本格的に登った山が雲取山だったな」今では山というとヒマラヤ遠征にしかでかけなくなった観のある大蔵喜福もかわいいものである。

「川苔山、御岳山、三頭山とあの頃はよく山に行ったなあ」

「山しかレジャーがなかったのかなあ」

みんなすっかり昔をなつかしむ本物の中年おじさんになってきた。

私も高校一年のときに雲取山に来たから、つらつら考えてみるとたしかに三十年近く年月はたっているのだ。――あれから三十年。光陰矢の知し、四十にして惑わず、我が人生に悔いなし……か。

三条の湯でコーヒー片手にあんまり回想にふけっていると、それこそ三十年ぶりの雲取山の頂上を踏めなくなるおそれがあるので、私たちは先を急ぐことにした。

三条ダルミの上に残雪が少し見えるのが気になったが、辺りには春がすみがかかり、まことに陽春の山歩きといった感じである。この地域はひと昔前はもっと落葉樹の原生林が密集していたところで、ミズナラ、カンバ、ブナ、カエデが四季の山の景観を引きたてて、美しい山肌を見せていたにちがいない。

しかし今はスギ、ヒノキ、カラマツなどの人工林がビッシリ山の斜面を埋めている。現在は、ふたたび人工林拡大から天然林評価へ変わってきたが、あわただしく変化した山の経営思想に、木もとまどっているはずである。

落葉の積もった山道にさしかかると、「カモシカがいる!」佐藤秀明は私たちに手で止まれの合図をして、望遠レンズを取りだした。植林したヒノキの芽を食べているのだろうか。

近くでガサゴソ音がする。カモシカが現われるのは高所にある水源林の造林地が中心と聞いているが、それを証明するかのように、この一帯のいたるところに「水源林」の看板が立っている。

三条ダルミの鞍部にさしかかる頃にはすっかり日が傾き、冷たい大気が流れてきた。ザックからセーターを取りだしたが、それでも寒さはとまらなかった。

雲取山荘まであと一時間もあれば確実に到着という時点で、雪で苦しめられるとはだれも予想していなかった。頂上への踏み跡がある稜線づたいに行けば、何も問題が起こらなかったのだが、中年三人組のことだ、なるたけ短距離を行こうと迷い道に入ったのがいけなかった。雪の上にしばらく登山靴の跡があったが、そのうち太股《ふともも》あたりまで没する、それもぐずぐずの雪になり、一歩あるくたびにヨロけるようになった。

こういうときは素直に一度もどればいいのだが、過激な中年おじさん三人だ。「やれ行け、それ行け」とあとは振り向かず進むのみ。私だけ足首を覆うスパッツを持ってこなかったからすでに靴の中はずぶ濡れである。一服したときに、お菓子のビニール袋をスパッツがわりに足首に巻いたが、激しいラッセルにいつの間にかどこかに飛んでしまった。「こんなところでウロウロしていたら凍傷になってしまう」と、不安感におそわれ私が暗い声をだすと、ワークブーツの佐藤秀明もさかんに「冷たいなあ」と心細い声をだしはじめた。さきほどまでの元気のいい口笛はどこかへいってしまった。

こうなると、踏んばれるのが大蔵喜福だ。積雪期用の膝下まであるロングスパッツをびしっとつけ、ピッケル片手にニンマリしている。「きみたち雲取山をなめちゃいけんよ」というような顔をして、ラッセルに励む。思わぬ残雪で夏道も跡かたなく消え、今やどこを歩いていいのかわからず、木の枝にしがみつき、情けない姿で斜面を登っていく。春の雲取山に冬山ラッセル訓練をしに来たわけではないと、私は佐藤秀明とブツブツわけのわからないことを言うのであった。

まるでスミを流したような暗い闇が辺り一面をおおって、とてもじゃないがひとりでは歩く気が起こらない。大蔵喜福がヒマラヤで愛用しているリチウム・ヘッドランプの強い光を頼りに、ヨロヨロとラッセルを続ける。

すでに時計の針は七時を回っていた。なんと三条ダルミからすでに二時間を過ぎようとしているのだ。

「ちくしょう。なめるなよ雲取山。オレはアンナプルナまで行ったんだぞ」いくら吠えてもむなしい。なにがアンナプルナだ。

佐藤秀明はチョモランマに大蔵喜福と同行したのだが、「こんなラッセル、チョモランマにもなかった」と勝手なことを言っている。

冷静なのは大蔵隊長だけである。森林限界らしき木を指さしながら、「この辺で稜線に上がろう」とピックガードを横に、胸をつく急な斜面をはい上がっていった。あとの二人は木に抱きつくようにして、うらめしそうな眼で突き進むしか方法がなかった。私は腹がへって手に力が入らず、何度も雪面に振り落とされる始末である。

急な雪面と闘うこと数十分、しっかり踏み跡のついた稜線上の道に、ピョコンと飛びだした。

さすが登攀隊長、ルートの取り方がうまいと佐藤秀明と感心する。しかし胸から下げていた彼の大切なカメラは雪でぐしょぐしょに濡れてしまい、シャッターを押すと調子の悪そうな音がした。

「ひどい雪だったねえ」

「これだから雲取は甘くないんだよ」

「危なく雪の野宿だったよ」

いつもの中年おじさんの冗談がでてきた。やっぱり山は道のあるところを歩くのがいちばんである。険悪な雪に苦しめられたあとなので、明瞭な道はすこぶるうれしく、佐藤秀明の口からも再び口笛がでてくるのであった。

それからしばらくして、小屋の小さな明かりを見つけたとき、私は恥かしげもなく「ヤッホー」と大声で叫んでしまった。佐藤秀明も「ヤッホー、ヤッホー」と口に手をあてて騒いでいる。すると、「ヤッホー」と小屋の方から返事がかえってきた。「ヤッホー、ヤッホー」まるで小学生の少年隊だ。四十歳を超える中年のだす声ではない。しかし山は「ヤッホー」がやはりいちばん似合っている。

雲取山荘の主人・新井《あらい》信太郎《しんたろう》氏がねじりハチマキをして小屋から飛びだしてきた。

「どうした。五時に着くというから待っていたのに、心配したぞ」

どんなに古い山小屋でも掃除のいきとどいた小屋は気分がいいものだが、この雲取山荘がそうだった。濡れた服を片づけると薪ストーブの上にはすでにシカの肉が用意されていた。

「さあ、腹へっただろう」とビールのセンが勢いよくぬかれた。私たちが来るのに合わせて上がってきた小屋の手伝いの青年二人は、まめまめしく晩飯の準備をはじめた。

ランプに薪ストーブと、雲取山荘は三十年前と何ひとつ変わっていないように見えた。ストーブの前で私はかすかな記憶をよみがえらせようとしたが、ランプぐらいしか思いだせなかった。あとは小屋の前で友達と水を飲んだぐらいである。どのコースから登ったのかもすっかり忘れているくらいだから、もしかしたら眼の前であたっている薪ストーブも、土間にあったかどうか怪しいものである。

ストーブの上にあるシカの肉が舌にとろけるようにうまく、私たちはあの三十年前の少年時代にもどったようにガツガツと食らいついた。

「いやー、おいしいねえ。こんなに新鮮なシカの肉食べたのはじめてだよ」感激屋の佐藤秀明は額に汗をかきながら次々とたいらげていく。

「ハッハハハ。それはよかった。あんたらが来るというから若者たちに担ぎ上げてもらったんだよ」と、同じようにねじりハチマキをした二人の青年を見ながら、新井信太郎おじさんは満足そうに笑った。

聞いてみると二人の青年は、ふだんは東京で働いているれっきとしたサラリーマンだそうだ。こうしてたまに山小屋に手伝いに来るのがなによりの楽しみであり、都会の息ぬきであるという。物静かなよく体の動く人たちである。ときたま山小屋で見うける、やけに人ずれした居候めいたところがなく、好感がもてた。

信太郎おじさんの魅力なのか、雲取山荘には声をかければすぐにでも飛んでくる人が何十人もいると聞く。山小屋は手伝いの人がいないと次第に荒れてしまう。

「オレの小屋は手伝う人が多すぎて困るくらいだ」という新井信太郎氏は満足そうにコップのビールを飲みほした。

たらふくシカ肉を食べたあとは「ずり上げ」が待っていた。ナベで干しうどんを茹で、茶碗にしょう油とネギをまぶし、その中にナベから直接うどんを受け、ふうふういいながら食べるのである。

「うまいなあ」こしのあるうどんは疲れた体にするする入っていく。ストーブを囲んでいる六人の団らんを、ランプの灯が照らしだす。

ひと息つくとすでに時計は十時であった。だれかがあくびをする。

整理された広い部屋の片隅に布団を敷き、私たちは思い思いにもぐりこんだ。「ああ、いいねえこのけだるさ」とだれからともなく声がでていたが、間もなく、どこからともなく寝息がもれはじめてきた。

小屋の中に朝のさわやかな光が入ってきた。

「昨日はよく眠った。こんなにぐっすり寝たのは何年ぶりかな」都会では年中徹夜に近い生活をしている三人は、異口同音の感想をもらしながらも、六時には起きだしていた。

土間にでてみると信太郎おじさんもすでに起きていた。しきりにノートに文字を書きつけている。のぞきこんでみると日記帳であった。手に取って見せてもらうと、小屋から見た山の絵や雪の風景、小鳥の絵が丹念に描かれた絵日記だった。なんと結婚したときの奥さんのなまめかしい湯あがりの絵まであるから、そうとう古い日記帳なことはたしかだ。

しかし、驚いたのはその達筆な字であった。味のあるていねいな文字でつづられていた。ねじりハチマキの新井さんからは想像できなかったが、小屋に対する愛情がひしひしと感じられた。

帰りはブナ坂《さか》から七《なな》ツ石《いし》小屋を通り鴨沢《かもさわ》までのコースなので、楽なものである。頂上で記念写真を撮ったあと、各自思い出にひたりながら南斜面を下っていく。

登山路の横のブナ林からしみこんだ水が、いつの間にか谷間にしぶきを立てて走り、やがて丹波川《たばがわ》、奥多摩湖へと注ぎ、都民の水道に流れるかと思うと、なんとなく気分もよく、足どりも軽い。

「オーイ」と後ろから下山してくる二人に私は意味もなく手を振った。三十年ぶりの雲取山にやはり来てよかったとしみじみ感ずるのであった。

山の味わいは歳をとるほど深いといわれるが、この頃、歩くという単純な行為がますます楽しくてしかたがない。だれにも邪魔されることなく、自分のペースで歩ける山道に感謝している。

いつの間にかポツポツと小雨が降りはじめた。カッパをださずに鴨沢まで濡れて歩く。遠くにボーッと民家が見えはじめてきた。

岩魚のミソ焼きと憂いの秋〈黒部渓谷・志合谷〉

スイスの山から帰国して、以前のように山歩きができる体になるまで、一ヵ月かかってしまった。後遺症の残るケガではなかったが、左足のくるぶしは雨が降る日などいまでも痛みを感じる。

しかし、体のほうはともかく、アイガーでの転落は精神的にはいつまでも尾をひき、山に行けばひたすら楽しいといった思いが薄れていくようであった。

それは街に出ても同じであった。山の仲間と酒を酌みかわしたり、山の話をするのもうとましく感じられ、むしろ子どもと一緒に河原にでもテントを張り、一晩ゆっくりと話してみたい心境であった。そんな定まらない気持ちで夏から秋を家にこもって過ごしていた。

ある夜、いつもの山仲間から電話があり、黒部《くろべ》へ沢登りに行かないかと誘われた。

当日は家族とのハイキングを考えていたが、息子が野球大会があって行けないという。

ならばということで、気持ちはもうひとつ乗らなかったのだけれど、行ってみることにした。

黒部に私たちが入山したときは、まだ山は色づいてはいなかった。渓谷は夏のほてりを冷ますかのごとく、清冽《せいれつ》な水をたんたんと流していた。

宇奈月《うなづき》温泉から渓谷に沿って欅平《けやきだいら》まで約一時間半、まるで遊園地の電車のような、トロッコ型の列車が、ヘビのようにうねって走ってゆく。

私にとっては初めての黒部渓谷なので、トンネルを出るたびにあたりの風景に見とれていた。

東京から関越、北陸自動車道と徹夜の運転で、仲間は座席で眠りこけている。終点の欅平までは宇奈月温泉の観光客がほとんどで、私たちのようなザックに登山靴といった山姿の人は少ない。

しかし、隣で寝ている仲間のひとりの足元はなんとサンダルばき。山に登るにはあまりにも失礼な態度である。若いときは、岩登りを中心にした名うての山岳会に所属していたのに、中年になるとこのようにだらしなくなってしまうものなのか。黒部川の奥にそびえる奥鐘山の西壁も、彼はほとんどトレースしたというが、その頃はもっとスマートな体であったはずだ。今や完全に中年太りになり、まるまると肥えたトドのような体つきである。駅に降りたら沢登りシューズにはきかえるというが、サンダルとは山に対して不遜《ふそん》きわまりない。

一方、岩魚《いわな》というとどこにでも出かける四十歳のヒゲの男の服装は、どこから見ても釣り師スタイルである。全体に岩魚のように目立たない黒緑色である。おかしなことに沢登りが大好きなくせに、満足に泳げないため、なんと黄色いライフジャケットをザックにくくりつけてきている。

その点どこから見ても〝登山家〟といえるのは私だけである。薄い表革の、くるぶしまであるドイツ製の登山靴に、正統派が好むニッカーズボンというスタイルである。靴下も紺でしぶくきめ、シャツもチェックのウールである。

サンダル男などいくら沢登りがぬれるといっても、最初からTシャツにジャージのズボンとは情けない。これでは日曜日にタバコ屋にぶらぶら行くスタイルと変わらないではないか。

渓谷に沿いながら高度をあげていくと、谷間から冷気を帯びた風が吹きあげ、秋の気配を濃厚に感じさせた。

私はザックから薄手のセーターを取り出した。

列車のスピーカーから、黒部渓谷と発電所の難工事についてうるさいくらい説明が続くが、キンキンした声は、静かな渓谷では騒音以外の何物でもない。

間もなくして、終点の欅平に着いた。とりあえず、欅平から剱沢《つるぎざわ》と棒小屋沢《ぼうごやざわ》が本流に合流する、十字峡《じゅうじきょう》あたりまで行ってみようと、いささか安易な気持ちで広い河原に下り立った。

河原でザックから着替え類とシュラフを厚手のビニール袋に入れ、足はフェルトの渓流シューズにはきかえる。

テントに食料、ヘルメットやザイルなどの登攀具が入ったザックは、体調がまだ充分ではない私にはこたえる。まだ足首のネンザが完全に治っていないので、伸び縮みするスキーストックを持参してきた。山の下りだけではなく、沢を徒渉するときに大変重宝する道具でもある。

秋の日はつるべおとし、谷間に入ると陽が傾き、平坦で穏やかな左岸を一時間も歩くと薄暗くなってきた。

本流とぶつかる志合谷《しあいだに》の出合にテントを設営することにした。谷間は寂寥感《せきりょう》をはらみ、まだ夏の面影を残した山肌に夕方の弱々しい陽光が射していた。

テント場の下方には、奥鐘山西壁を登るクライマーの連中が何張りかテントを張っていた。また西壁を見上げると、十組くらいのパーティが取り付いているのが見えた。こんな所に日本でも有数のスケールをもつ壁があることにいささか驚く。

西壁は大きく何段ものオーバーハングが突き出し、手強そうな岩壁に見えた。ただ思っていた以上に草付《くさつき》が多く、初めて屏風岩や明星山《みようじさん》を見たときのような驚きはなかった。サンダル岩登り中年から、中央ルンゼ、広島ルートといった簡単なルートの説明を受ける。どのルートもオーバーハングとスラブが多く、ボルトが連続した人工ルートが続くと彼は言う。

私があまり感動を見せないで岩を見上げているのが気に入らないのか、対岸にある上の登山路、水平歩道《すいへい》から見たら、すごい迫力で絶対お前さんは驚いて騒ぐにきまっているのにと、彼はさかんに恨めしそうな声をあげた。黒々した岩壁が巨大な衝立《ついたて》のように立って見えた。

テントの設営が終わると釣り師は眼をランランと輝かせ、本流に竿を入れた。エサは石の下にいるミミズである。この季節、岩魚は産卵が近づき、上流へ向かって抱卵して登りすすんでくるという。

木を見て森を見ず、という言葉があるが、釣り師は今や完全に眼を水の中の魚影の一点に集中させている。

私は車の運転で疲れがでたのか、焚火の前でうつらうつらしながら、中年岩登り男をまじえた、二人の釣り風景をボンヤリ眺めていた。「景気はどうだい」と声をかけるが、二人からの返事はなかった。前にやはり釣りの好きな山男と、東北の沢登りに行ったことをチラリと思い出した。

季節もうろ覚えだが、あれは何年前だったのだろうか。「岩魚がうるさいほどいるから、米とミソだけでたくさん」という言葉を信じたのがいけなかった。その山行は結局一匹の岩魚とも対面することなく終わってしまった。腹いせに私が彼の眼の前で大きな石を川に放り投げると、「オレへのあてつけか」と気まずい雰囲気になった。

それがあって私は沢登りというと、自分の食料だけは持っていくことにしている。岩魚が釣れるという言葉は信用しないことにしているのである。

ウイスキーをなめながら、糸をたらしている二人の後ろ姿を見るのもなかなかいいものであるが、しかし、私にはどうしても釣り師の気持ちがわからない。釣れるのか釣れないのか、はたまた本当に魚がいるのかどうかもわからない川に、根気よく竿を投げ入れてどこがおもしろいのだろうか。

徒渉でぬれたズボンを焚火で乾かしていると、やっと二人がもどってきた。「どうだった」と声をかけると、二人は私の問いにはこたえず、「志合谷に糸をたらしてみるか」と言いながらテントの前を通過していった。

いつの間にか雨が降り始めていた。予定より早い秋雨前線に山がおおわれてきたのだろうか。

私も後ろから一緒についていくことにした。

泥壁の間をぬって小さな川が本流に流れ落ちていた。両岸が岩場で狭くなった淵に、まず釣り師がはいつくばるような格好で糸を投げると、いきなり岩魚が鋭く水の中で白く光った。

「アッ、岩魚がいた」と私が身を乗り出そうとすると、二人は静かにしろと手で合図をした。さすがに釣り師は腕がたしかである。一見なんでもないような淵から次々に岩魚を釣りあげるのだった。岩登り中年はここは釣り師にまかせたほうがいいと判断して糸をたらさない。

小さな滝から流れ込んだ淵に、いったい何匹岩魚がいるのだろうか。今度は二〇センチもの岩魚を釣りあげた。たぶんメスなのだろう。卵を抱えているのか、ぷっくりと腹がふくらんでいた。

竿を抱えて見学している岩登り中年は、私に「絶対石なんか放り込むなよ」とさとした。前に北海道の沢で糸をたらしている彼のそばに、石を投げたのをまだ忘れてはいなかったのだ。

「全部釣りあげてしまえ」と無責任な声援を送ったが、一人あたま三匹の岩魚が釣りあげられているのを見届けると、私は安心してテント場にもどった。

彼らも満足したのか、途中でミズナを採りながらテントにもどってきた。「四〇センチの巨大な岩魚がかかったのに糸を切られてしまった」と釣り師は残念なようなうれしいような複雑な顔をして、ウイスキーのビンを私から奪い取った。

焚火にあたり、岩魚を遠火で焼く。これほど素敵なことはない。日本酒もあるので骨酒《こつざけ》も楽しみである。谷間の燃えるようなナナカマドこそ見られなかったが、岩魚が口にできて私は満足であった。特にミソ焼きは最高であった。腹を抜き、ミソとミズナを押し込み、アルミホイルで包んで炭の上に置くのだ。口の中にまるで山の自然の風味が広がっていくような気分だ。

「立派な岩魚だ」と、私は眼を細めた。

食べる分を除き、あとは網に入れ川の中に置くことにした。明日天気がよければ上流の枝沢に放流するという。

シュラフに入ると私はまたたく間に深い眠りにおち込んだ。二人は焚火の前で、まだ岩魚談義でもしているのだろう。

　夜半から本格的に降り続いた雨は朝方まで激しくテントをたたいた。時おり雨音で眼を覚まし、増水が心配になった。朝六時過ぎに渓谷が明るくなってきた。私はテントの中からボーッとした体で雨の渓谷に見とれていた。まるで中国の水墨画のような幽玄な世界であった。眼の前の岩壁を見上げながら、「雨の谷も悪くない」とひとりつぶやく。

　外に出てみると、雨足は強く川の水は濁り荒々しくしぶきをあげていた。

　入りくんだ枝沢が多い黒部川の源流部一帯は、鉄砲水で有名な場所だ。これほど強い雨が降ると、沢登りは黒部川でなくても危険である。

　川石を転がすような勢いの増水を目のあたりにすると、自然への畏怖の念に体が熱くなってくる。私たち三人は腕組みをして、長い間、言葉もなく川を見つめていた。

　昨日までの清流も、川床の石をはがすような状況になれば撤退するしか方法がない。増水で下流への徒渉は危ないと判断して、志合谷をつめ、水平歩道をぐるりと回るコースに変更した。

　降り続いている雨を一本の川に集中させると、短時間のうちにこれほどすさまじい水量になるのだろうか。

普通なら、志合谷はいともやさしいルートらしいのだが、念のためにと、いつでもザイルを取り出せるように、ザックに載せて出発することにした。山腹に一度高く登った所で二度ほどザイルを取り出し、二時間ほどで、欅谷《けやきだに》から仙人《せんにん》ダムまで続いている軌道トンネルの入口にたどりついた。

登山路から真っ暗な階段を一〇〇段ほどあがると、「富山大学雪崩研究室」とペンキで書かれた真新しい看板のかかっている小屋が軌道の中にあった。

このトンネルの先が高熱地帯で有名な所である。戦争映画に出てくる、大きな要塞のようなトンネルの中は、人けがなく天井から水がポタンポタンとしたたる音だけがひびき、不気味な雰囲気をかもし出していた。それにしても、この岩壁によくぞこれほどのトンネルを掘ったものだと感心してしまった。

トンネルの中は一般の人が入ることは禁止されているのだが、私はものめずらしげにキョロキョロと周りを見渡した。トンネル内の広場の上に、無残にひきさかれたコンクリートのあとがあった。このトンネルの上の横に、たしか雪崩で飛ばされた建設宿舎があったはずである。

私の頭の中には吉村昭《よしむらあきら》の名著『高熱隧道』のシーンが次々とよぎっていった。黒部第三発電所建設で苦悩する人たちが今でもトンネルの中にいるような錯覚におちいる

のだった。作業員たちがひしめき合い、大惨事があった場所である。

眼の前に見える五十年前のコンクリートは黒く、年月のたったことを隠しきれないでいた。トンネルから、雨にけぶった奥鐘山の西壁の頭がかすかに見える。三人で雨の音を聞きながらひざをかかえていると、やけにしんみりしてくる。この上にあった四階建てのビルの宿舎が、世界の山岳地帯でもまれな「泡《ほう》雪崩」にあい、八十数名ごと対岸の西壁まで飛ばされたのだ。まったく自然界の恐ろしさははかりしれない。雪崩というと普通は建物が埋まるというイメージがあるのだが、毎秒一〇〇メートル以上の爆風を起こす泡雪崩は、なんと鉄筋コンクリート四階分を数百メートルも空に飛ばし、破壊したのだった。

探るように雨の渓谷に見とれていると、釣り師が「ここにいると死者が出てきそうで怖いよ」と、不意に声をかけてきて私をビックリさせるのであった。鉄筋コンクリートの宿舎がまさか対岸までこの山をかすめて運び去られたとは、当初誰も信じる者はいなかった。まったく逆方向に飛ばされたと知り、捜索隊も学者もなんの言葉も発することができなかった。

三人は、予測もつかない大自然の猛威の中で、悲痛な覚悟をもって黒部トンネルを掘った人間の偉大さに、あらためて驚くのであった。

みんな妙に口数が少なくなっていた。かつてダイナマイトが爆発し、鑿岩機《さくがん》のうなったトンネルの中は、薄着のシャツでは寒く、じっと立っているとふるえがとまらなかった。

トンネルの横の階段を上がり、私たち三人は水平歩道に出た。強い雨に降られて、なんだかおかしな山行になってしまった不満感からか、私たちは口を閉ざして、ひたすら雨の中を歩いていった。

滑落のち、おにぎり〈巻機山・米子沢〉

秋の展覧会準備のため忙しい毎日を過ごしていたが、巻機山《まきはたやま》の米子沢《こめごさわ》に行くと言うので、いそいそと都合をつけてやってきた。米子沢は初心者向けの沢だが、名渓と言われ一度登りたかった沢だった。

上越《じょうえつ》線五日《いつか》町《まち》駅に降りたのは、私と山仲間の三人。申し訳ないことに、八海醸造社長の南雲和雄《なぐもかずお》さんがわざわざ車で迎えにきて下さった。仲間のひとりが銘酒「八海《はっかい》山《さん》」の昔からのファンで、酒蔵を見学したいという希望がかなったのだ。

南雲さんは醸造主であるが、実はバリバリの山ヤで、農大山岳部のOBである。かの松濤明《まつなみあきら》氏の後輩で交遊もあったという方だ。そして現在もヒマラヤやバルトロ氷河への山旅を楽しむなど、うらやましい人生を送っている。亡くなった登山家の長谷川《はせがわ》恒男《つねお》氏も彼の人柄と「八海山」に惚れ、何度も立ち寄ったそうだ。

駅前から橋を渡り、ススキの穂が白く揺れる秋の景色に見とれていると、いつの間にか酒蔵に着いた。清掃の行き届いた庭には小川が流れていた。風通しのよい広い居間に通され、ひとしきり山の話で盛り上がった。南雲さんの時代の登山に興味を持っていた私は、いつもの質問魔になってあれこれ聞いてしまった。

しばらくすると、目の前に酒蔵の主人しか飲めないという特別の「八海山」の四合ビンが出された。奥さんが作られた肴《さかな》も絶品で、ますます酒がすすむ。初めておじゃましたというのに、話題は酒造りの苦労話、新潟の郷土料理などとりとめもなく続いた。明日の山行のことも忘れ、お酒に遠慮なく手が伸びてしまう。

けっきょくどっかり腰を据えてしまった。

夕暮れ、赤トンボが舞う頃に、我々はようやく腰を上げた。今晩宿泊することになっている宿、清水《しみず》の「雲天《うんてん》」の名をあげたら、南雲さんも久しぶりに顔を出したいということになった。奥さんの運転する車で送っていただいたのだが、雲天でもご主人の小野塚忠男《おのづかただお》さんと奥さんの誘いをいいことに、宴会の舞台を移しただけという状況になってしまった。

大きな囲炉裏を囲み、豪勢なキノコと山菜料理を前に、再びヒタヒタと酒を口にする。寡黙な小野塚さんは、我々にひたすら黙って酒を注いでくれる。

仲間が「小野塚さんはどんな酒が好みですか」と質問すると「昔から八海山以外知りませんから」とボソッと言うのだ。新潟は日本でも有数の酒どころである。他の酒の名がひとしきり出てから〝やはり八海山〟という答えを期待したが、お世辞ではなく本当にうまいのだろう。南雲さんの「地元に七割卸す」という数字の意味が理解できた。

夕食をはさんで酒を飲み続けること五時間、私はそろそろ限界にきていた。頭のなかは布団に入ることでいっぱいになっていた。南雲さんの「いい酒は残りませんから」という言葉を潮にお先に失礼することにして、九時には倒れるように眠ってしまった。友人二人はいつ果てるともしれぬ酒盛りを、まだ続けているようだった。

　翌朝、ふとんをめくり外を見ると、どんよりとした雲が重なり、今にも雨が落ちてきそうな空模様であった。雲天の奥さんにこしらえてもらった大きなおにぎりをザックに押し込み「とりあえず行ける所まで」と朝七時半に出発した。

　米子橋を渡り駐車場まで来ると、突然巨大な堰堤工事が展開しており、仲間に聞くとあたりの景色がガラリと変わっているという。沢登りに出かけると年々、砂防ダムや堰堤がいつの間にかできていてとまどうものだ。上越の山で最も美しい米子沢の出合に、これほどのモノができているとは興ざめである。

　堰堤を越えて、伏流のある白い河原から遡行《そこう》がはじまった。気になるのは空模様と昨夜の飲んだ酒の量である。三人の体からは汗と一緒に酒のにおいがプンプンする。巨大なスズメバチの巣が、河原の大きな岩にへばりついていた。アルコール臭を嗅ぎつけてハチに襲われてはたまらないと、われらは身を縮めて静かに遠回りをした。流れのはじまるところで渓流シューズに履きかえる。井戸《いど》尾根が曇り空の下でうっすらと見え、ニセ巻機に吸い込まれていくゆるやかな流れの最後の大きな一枚岩の滝が、いく重にも白い線を描いて流れ落ちている。

　しばらく行くと三〇メートルの滝に出た。ザイルを取り出すのがおっくうになり、

右から高巻きをする。灌木《かんぼく》の間から、三段四〇メートルの滝が迫力ある水量を落としている。我々はここも巻くことに決めた。二日酔いが直登《ちょくとう》の意欲をなえさせた。「私は高巻きのサワノと呼ばれているんだ」と戯言を言うと仲間の二人がフムと頷いた。右岸を行くこの高巻きは、やたら灌木の中をはいずり回り、滝からどんどん離れるので不安になるが、やがて下り道があらわれ、再び沢筋に下りられる。

天候が悪化し、辺り一面は霧で視界は一〇メートルほどしかない。水の音だけが岩にこだまし、なにやら不安がつのる。時々ポツポツと雨粒が落ちてくるがまだカッパを着るほどではない。二〇メートルの滝をザイルをつけて右側から攀《よ》じのぼり、落差が二、三メートルほどの滝をいくつも越えて行くと、谷が狭まり米子沢の魅力が輝いてくる。スラブに水がはうように流れている。ここまでくるとやっと三人とも酒の臭いが抜けた。

一瞬、霧が切れて青空が現われ、赤・黄・茶と鮮やかな彩りのなだらかな稜線が光って見えたが、すぐにまた霧に隠れた。左右の岸壁が迫ってゴルジュ帯に入る。登れないことはないが、天気も悪いし嫌な感じだ。左岸の巻き道に進む。雨にぬれた不安定な泥の踏み跡は、外傾して気が抜けない。

灌木につかまり慎重に行くが、ササに足をとられスリップ、「アーッ」という悲鳴とともに体のバランスをくずした。滑り始めると同時に、細い枝を無意識につかんでいた。冷や汗が出た。

バンザイの格好で枝をつかみ、惨めに斜面に張りついた。慌てた仲間は必死で手を伸ばしてくれるが、届かない。気を落ち着かせ足元をのぞくと、はるか下方に滝壺の白い泡が見えた。じわぁと左手で草の根本を束ねてつかみ、体を少しずつずり上げる。祈るような気持ちで体勢を立て直し、やっと右手がしっかりした枝に届いた。「フーッ、危なかったな。高巻きの事故は意外と多いんだよ」仲間の二人が心配そうに私の顔を覗きこんだ。渓谷が狭くなった岩の間を抜けると最後の一二メートルの滝が待っている。我々は慎重に左から越えることにし、迷わずザイルを出す。ザイルがあると気持ちにゆとりができるし、体もスムースに動くものだ。

この滝を越えると米子沢で最も美しい風景になる。いつの間にか霧は上がっていた。水面すれすれに、キセキレイが飛んでいた。黄色の腹と灰色の背が可憐である。さかんに尻尾を振っていた。小雨のなか、石畳を敷きつめたような広いゆるやかな流れを行く。紅葉した稜線がどんどん間近に迫ってきた。上部二俣の手前で昼食をとる。

宿で作ってくれたおにぎりは心がこもっていて、沸かしたお茶と交互にいただく。息つく間もなくたいらげ、ひと心地着いたところでコーヒーにする。こうばしさが辺り一面に広がると、皆の顔に笑顔が戻った。

「さっきは危なかったなー」「オレはドッキリだったよ」「沢での事故は救出に時間がかかるからな」と、次々と沢登りの怖さが口に出る。登り切った安堵と満腹感で、長い昼休みとなってしまった。

源流は素晴らしいクサモミジだった。沢の多くが終点はガレ場と相場は決まっているものだが、ここにはたおやかな草原と湿地の台地が重なるように続いており、なんとも幸せな気分にさせてくれる。米子沢を登った人は口々に源流の美しさを讃《たた》えるが、

ニセ巻機山から奥に連なるなだらかな草原は、四季いずれに訪れても期待を裏切らない。

二俣から左に入ると稜線まであと一歩である。すぐに立派な登山道と合流した。池塘《ちとう》が点在するこの辺りは木道《もくどう》が敷かれている。この巻機の自然を守ったのは、地元の有志と農大の学生ボランティアたちだ。十数年もかけて登山路を整備してきた彼らの熱意に、頭が下がる。

今回の遡行も無事終わった。我々三人は頂上に手を振りながら下山を開始した。途中六合目展望台から天狗岩《てんぐいわ》の岩峰が望めた。もうひと月もすると、この辺り一面は雪景色に変わるのだろう。そう考えるとなんだか寂しくなった。

前夜のフリーズドライ宴会〈北鎌尾根〉

五月の北アルプスは、洗われたような緑と肌を撫でていく爽やかな風に満ちていた。長年の夢だった北鎌《きたかま》尾根の縦走が、いよいよはじまる。私は少し上気した面持ちで、高瀬《たかせ》ダムから湯俣《ゆまた》までの登山道を、皆に先行して歩いていた。高瀬川のせせらぎを耳にしながらときおり顔を上げると、行く手に槍の穂先が雲の間から顔をのぞかせている。

ひと足さきに沢の手前の避難小屋でザックを下ろし、小さなスケッチ帳に、芽の吹き出したケショウヤナギと残雪の山を描きとめていた。しばらくすると、のんびりと話をしながらいつも山行をともにする四名の仲間がやってきた。

流れる水に春の陽ざしが光っている。遠くにミソサザイの鳴き声が聞こえてくる。穏やかな陽気に、私は満ち足りた気分にひたっていた。毎日、時間と追いかけっこのようなさし絵の仕事をしていると、たまに山にでも逃げ出さないと精神的におかしくなってしまう。それは同行した連中も同じことかもしれない。たった五日間の休暇をとるため、前日まで徹夜に近い仕事を繰り返してきていた。

連中がずっしりと肩に食い込むザックを下ろすと、

「天気がいいのは今夜までなんだ」とリーダー格である大蔵喜福がつぶやいた。明日からは弱い低気圧が北アルプスに近づいてくるらしい。

彼らはいつの間にやら四十代に入り、私もすでに五十歳を超え、山の日程も天候より仕事の段取りによって決まってしまう。それだけに山に向かうときは、いくらか真《しん》摯《し》な気持ちになる。

明日から天候がぐずつくというが、半ソデ姿の夏山気分で湯俣までの道を進む。ときおり枝から枝へとサルが飛びまわり、威嚇の叫び声をあげている。我々が身につけている派手な色合いのウェアやザックは、サルを刺激するのだろうか。

前年の台風で流されたという吊橋が新しく変わっていた。対岸に渡ると今夜のキャンプ地である晴嵐荘《せいらんそう》の前の河原に出た。晴嵐荘は営業前でひっそりとしており、登山者の人影もない。高瀬ダムより四時間の行程であった。

テントを張り、それぞれのザックから引っ張り出した食料を広げる。今回はできる

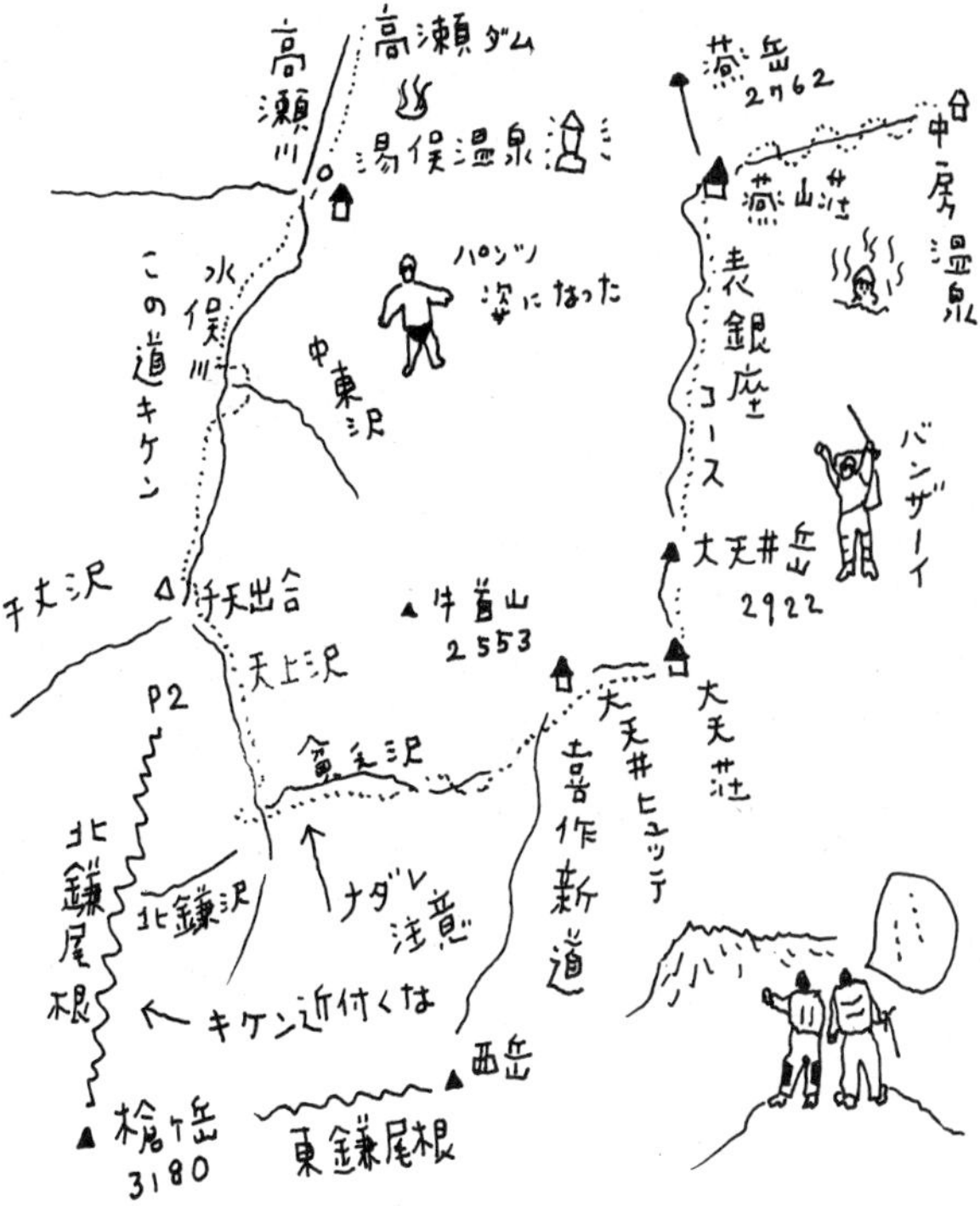
高瀬ダム
高瀬川
湯俣温泉
パンツ姿になった
水俣川
この道キケン
中東沢
千丈沢
千天出合
牛首山
2553
天上沢
P2
貧乏沢
北鎌沢
北鎌尾根
ナダレ注意
キケン近付くな
西岳
槍ヶ岳
3180
東鎌尾根
喜作新道
大天井ヒュッテ
大天荘
大天井岳
2922
表銀座コース
燕山荘
燕岳
2762
中房温泉
バンザーイ

だけ荷を軽くするために、食料はすべてフリーズドライ食品にした。だが五名分のドライカレー、モチ、ラーメン、リゾット、コーンスープ、チョコレート等々を積み上げるとそれでもダンボールひと箱分になる。その上、日本酒、ウイスキー、缶ビールと並ぶ。唯一のなま物は、私が信濃《しなの》大町《おおまち》の駅前でわがままを言って買ったキャベツだけである。そのキャベツも物静かな三十代の内藤《ないとう》青年に持ってもらった。私にとっては今回もおんぶにだっこの山行になりそうだ。

これから厳しい北鎌尾根に取り付く前夜にしては、にぎやかな夕食がはじまった。残雪の間からとってきたフキノトウや、高級なブロックのベーコンが並べられた。缶ビールのプルトップが抜かれると「北鎌なんて簡単だよ」などという大胆な発言がどこからともなく出てくる。たしかに夏に二名、冬に二名登った者がいる。しかし私にとっては手ごわく、軽いコースではない。自分の年齢もさることながら、この頃はザイルを使用する岩稜コースもとんとごぶさたしているのだ。だんだん不安になってきて、まだ夕方の六時だというのに、私はシュラフにもぐりこみ、一人泥のように眠ってしまった。

四時に起床し、モチ入りラーメンと紅茶の朝食をとって出発する。キャンプ場から登山道に戻り、湯俣川と水俣川出合の橋を渡ったところで、三俣蓮華へ向かう伊藤新道と分かれる。冬に登ったヒゲのリーダーは、なんの疑いもなくズンズンと伊藤新道へとガレ場を登って行く。「オーイ」と山岳カメラマンが後ろの方でどなっている。どうも取付点が間違っているようだ。川から湯の煙があちらこちらで漂っていて、手を入れると温かく、冗談めかして「温泉につかっていこうよ」とリーダーに声をかけると「北鎌ですよ。それどころじゃないでしょう」と険しい顔をされてしまった。

橋のすそから水俣川に下り、思ったより多い残雪に全員プラスチックブーツに履きかえ、私は念のために腰だけの安全ベルトを着けた。ここから川に沿って危険な崖がでてくる。それにしても水俣川の左岸のこの道が実に悪い。眼のくらむような高巻きやガレ場を通過するたびに「なんだよこれ」と、私は足のふるえをとめるかのごとく悪態をついた。

ヒゲのリーダーは「オレが来たのは二十年前だからなあ」と涼しい顔をしている。ひと昔前までは千丈沢《せんじょうざわ》乗越を越え、槍ヶ岳への道として利用されてきたが、今や登山者も少なくなり荒れ果て、数度の台風のため、通行困難な朽ち果てた道になってしまったようだ。

サビの浮いたワイヤーに手をかけた時に、私と同じ北鎌尾根初体験の仲間と目が合

った。大学時代には空手部にいたというスリムな体をしたその男は「これが北鎌ですか」とやけに落ち着いた返事をする。P2の取付き地点はまだまだ遠いのに、私はこんな所で泣かされているのだ。

水線《すいせん》ギリギリの一枚岩をへつろうとすると「オレ、思い出したよ。冬にここで落ちて、氷状態で千天《せんてん》の出合まで駆けぬけたことがあった」とリーダーは笑った。

眼下には濁流が渦巻き、私の体は動かなかった。「その小さなカドに足を置いて」と先頭を行くカメラマンに指示されるが、足が出ない。手を差し伸べてもらい、やっとの思いで通過する。「このアプローチこそ北鎌尾根の核心部」という言葉を聞いたことがある。ガレ場の高巻きでは、実際に何度も事故が起きており、私は不安を覚えた所ではザイルをつけてもらった。

左より中東沢が入り込んでくるところで、大胆な徒渉の洗礼を受けた。全員裸になりザイルをつけ、凍りつくような冷たさに泣く。そしてもう一度大きく高巻きをして河原に下り、千天出合手前の吊橋に着いた。触ると落ちそうなワイヤーに、腐りかけた板がわずかに残っているだけの吊橋は、とても渡れそうにもなかった。スノーブリッジになった所をザイルをつけて渡り、急斜面のトラバースをして、ほうほうの体《てい》で今夜のテント場、千天出合にたどり着いた。

私がいたためかスローペースになり、九時間かかって到着した。出合にテントを張るが、あたりは積雪期の前に入山した連中の跡なのか、古い石油カン、空瓶と空のガスボンベ、ラーメンの袋と大量のゴミが散らかっていた。いくら冬の北鎌尾根は厳しいといっても、このゴミの散らかし方は山に登る者のマナーではない。全員で片づけ、燃やせるものはすべて燃やした。

一段落した後、テントの中ではささやかな宴会がはじまった。キャベツに塩をかけ、ウイスキーを飲んでいると、空手部の男が「ここまで来るともう戻れませんね、フッフッ」とこちらの気持ちを見すかすかのように笑った。確かに湯俣までの悪路を考えると、先へ進むより方法がなかった。「山と溪谷」の編集をしている彼は、緻密で知的な文章を書くので青白いインテリかと思っていたら、あにはからんや、ここに来てすこぶる体力があるのに驚かされた。細い体だが、空手部にいただけにしなやかでバランスがいいのである。

降り出した雨音を聞きながら、誰ともなく「すごいアプローチだったな」という会話になった。数年前の夏に北鎌を登った内藤青年は、「記憶が薄れてしまったけれど、あの時は水量が少なかったのでもう少し楽だった」と言う。リーダーは「逆にオレが冬にきた時はもっと雪があったから、川の上を歩いて来れた気がしたけどなあ」とあいづちを打った。

無雪期に北鎌尾根に取り付くのはこの廃道に近いルートを避け、大天井岳《おてんしようだけ》から貧乏《びんぼう》沢《さわ》を下っていくケースが増えてきたという。アプローチの安全性を考えると正しい選択かもしれない。

この日の夕食は、鶏肉と牛肉のかかったリゾットである。そこへモチを入れ、腹をふくらませる。毎食フリーズドライで飽きがこないようにと、食料係はバラエティをつけてくれる。

かつて飯豊《いいで》、朝日《あさひ》連峰につきあってくれた食料係の内藤青年も、いまや三十代の半ば。彫刻家を目指していたが、児童文学作品も発表している。まだそれで生活を維持するまでにいたらず、将来のことを考えると不安があるという。

小さなランタンの中でみんなボソボソと雑談がはじまる。山岳写真を二十年間撮り続けてきた男は、写真の難しさにこのごろ改めて気づき、悩みが多いとウイスキーを舐めながらつぶやく。またこれまでいく度もヒマラヤ八〇〇〇メートル峰に挑んできた大蔵リーダーは、エベレストの頂上にやはり立ちたいと低い声で言うのだ。

私にとっても山登りとはいったいなんなのだろうと考えていた。十代の終わりから細々と続けてきた唯一の趣味だが、山を歩いていると、放浪している時のような自由な気持ちになれる。日が暮れてテントの中でシュラフにくるまっている時のやすらぎ。あるいは稜線の岩に腰を下ろし、吹き抜ける風の音を聞いている時の喜び。私にとって山登りは心の支えであり、体の一部である。

十代の頃を考えると、まさか五十歳になっても山に登っているとは思わなかった。山は青春の一時期で終わるものだと思っていたし、谷川や穂高の山をひととおり登れれば、山は卒業するものと信じて疑わなかった。

穂高に熱中していた頃に、四十歳以上の大人がザックを背に山に登ってくると奇異に思えた。山は若い人の遊び場であると思っていた。こうして五十二歳になっても雪の北鎌尾根に取り付こうという登山者を、十代の時の自分が知ったらあきれたことだろう。山をやめていたらかなりものの考え方が違っていたと思うが、今はこの歳まで山を続けられたことを深く感謝している。

早朝テントをたたく雨音で目をさました。

シュラフの中で寝返りをうって微睡《まどろ》んでいると「雨かあ」とリーダーはつぶやき、ラジオからイヤホーンを延ばし、天気予報を聴いていた。

テントの外に出ると、鉛色の濃密な雲の間から絵に描いたような雨が落ちている。

眼前には北鎌尾根の末端が谷間に向かって重苦しくのしかかり、P2の取付点の赤い布がたよりなさそうに風に揺れている。なんだか仏画の地獄図絵のなかにいるような

不吉な気持ちになる。右手に硫黄岳の峰、左手に北鎌尾根と奈落の底のような千丈沢を眼の前にすると、暗く陰気な天候のせいだけではなく、私の気持ちも暗くならざるを得ない。

残雪期の北鎌尾根を登るには、長時間の行動に耐え得る体力と、岩稜を歩く技術を身につけておかなくてはならない。千天出合を越えると往路を引き返すことが難しく、独標《どっぴょう》を越えてしまえばエスケープルートはない。

かりにこの尾根をつめ、北鎌のコルから独標を越えても、私の体力は槍ヶ岳の頂上までもつのだろうかと、不安はますますつのるのであった。

不世出の単独行者加藤文太郎《かとうぶんたろう》、往時の先鋭的な登山家松濤明が帰らぬ人となったのもこの尾根である。壮絶な遺書を残した松濤明の遺稿集『風雪のビバーク』、そして加藤文太郎の『單獨行』は、私にとってバイブル的山岳書であり、今でも心を引き締めるためページをめくることがある。

朝食のうどんをすすっていると、停滞か登るかで、山岳写真家とリーダーがルート図をとり出し相談をしていた。だが昼を過ぎても雨は止む気配がないので、もう一日ここに泊まることに決定した。残雪が多く、P５辺りでの雪崩や滑落が心配のようだ。

しかし、また停滞となると、明日は北鎌沢右俣をつめ、下部をショートカットせざる

を得ない。
　山の停滞の時はここぞとばかり、ふだんの都会での疲れをとるようにしている。一時「癒す」という言葉が流行語のように使われていたが、私にとってはこの山登りほど癒されるものはない。汗をかいたり、自然の中を無心に歩いたりしていると、心や体からよけいなものがそぎ落とされて、軽くなっていくような感じがする。
　絵や文章の仕事をしている時、心の片隅で欲求不満めいたイラだちを感じる時がある。それは自分の才能のなさや、歳のせいである。しかし、山に入ったとたんそういった仕事の不満が嘘のように消えてゆく。

昼食のドライカレーを食べてしまうと、あとは何もすることがなくなってしまった。残り少なくなったウイスキーを水でうすめてチビチビやるしかない。シュラフにくるまり寝るだけだ。しかし、未知の北鎌尾根が重くのしかかってくるようで、いつもの停滞のように微睡めない。

夕方外に出てみると、深い樹林帯から松の木の香りが漂っていた。狭い谷には霧が立ちこめ、風景は朝となんら変わることがなかった。

四日目の朝が訪れた。今日はどんなことがあっても、ここを出なくてはならない。小雨が降り続き、リーダーは進路を決めかねていた。しかし天候が回復しないとわかると北鎌尾根はあきらめ「貧乏沢から大天井岳を抜け、合戦《かっせん》尾根から中房《なかぶさ》温泉に下りよう」ということになった。

「稜線は五月の連休で人が入っているから、明確な登山道が出ているはずだ」と、カメラマンは言う。

テントをたたみ八時に出発するが、天上沢《てんじょうざわ》の右岸では残雪に足をとられ、一歩足を出すたびに苦労させられる。赤い布に導かれるように岩場と灌木帯を越えて行く。私は自分が持ってきたザイルをこの山行が終わったら内藤青年にあげるため、彼にかついでもらう。雨でグッショリと重くなったテントと、その上ザイルまで持ってもらうのも気がひけたが、これ以上私がペースを落とすと、逆に稜線に出てからとんでもない事故が起こりそうな気がして甘えることにした。

貧乏沢の出合のデブリが二、三〇メートルほど大きく盛り上がり、ひとかかえもある木をなぎ倒していた。両岸からの雪崩のすさまじさを見せつけられ、私は恐怖というより、畏怖の念にうたれた。三日間の雨をふくんだ貧乏沢は、今にも雪崩が起きそうな雰囲気で心を許すことができない。案の定、沢の途中で休憩をしている時、「ガラガラ」という音とともに大きな落石があり、一瞬心臓が止まりそうになった。

半分まで登ると雪崩の心配もようやくなくなり、全員笑顔が戻ってきた。「稜線に出れば、あとは楽なはず」というリーダーの言葉を信じ、ひたすら汗を流して登りつめた。

ところが稜線に出たのはいいが、新雪が降ったのか足あとはひとつも見つからない。逆に一歩足を入れると腰までもぐる湿雪に行く手を阻まれる。交代にラッセルを繰り返すが、時間だけは刻々と過ぎていく。夏なら三十分もあれば大天井ヒュッテにたどりつくのに、すでに二時間近くがたっている。けれどヒュッテはいまだ姿を現さないでいる。

「うーん雪の状態が悪いなあ」リーダーはカメラマンと時計を見ながらため息をつい

ている。ガスが強く、辺りの山はすっぽりと霧の中に包まれ視界がない。

私はさすがに疲れ、腰をおろすと立ち上がる気力がなえていくのを感じる。ふだんはどんな悪場に来ても笑顔を絶やさない内藤青年も、ストックに体をあずけ荒い息をついている。「ごめんな。ザイル持つよ」私は力なく彼に声をかけた。

足を出すたびにもぐる雪に時間をとられ、大天井ヒュッテに着いたのは夕方も五時になっていた。ヒュッテはまだ閉鎖中で雪が二階の窓まで積もっていた。私はここにテントを張ってもよいと思った。しかし大天荘《だいてんそう》ならたぶん開いており、夕食もとれるはずだとリーダーは言い、頑張ることにした。

穂高の周辺なら冬でも眼をつぶって歩けるカメラマンと空手選手を先頭に、大天荘への夏道のトラバースルートを歩きはじめた。しかし、「どうもナダレそうな予感がする」とのカメラマンの判断で、ルートを雪の少ない岩稜帯に変更することにした。

暗くなりかけた岩稜帯を登りはじめるが、私は眼のくらむような二ノ俣谷の斜面を足下にし、体がすくんでしまった。

「オーイ、ザイルつけてくれ」叫ぶようにリーダーの男に声をかけると「ここで落ちたら終わりだからなあ」と、しごくのんびりした声でザイルを体に付けてくれた。その時重い荷物をかついできた内藤青年も、不安を覚えたのか「ボクもお願いしまー

オレたち
こんなこと
いくつまで
やっているのかな
一生さ

す」と大きな声をあげた。

岩稜帯を一時間ほど緊張しながら登ると、再び稜線に出た。すでにあたりは闇の中でヘッドランプを取り出さないと歩けない。全員祈るような気持ちで大天荘の小屋の明かりを探していると、遠くに小さな灯りがユラユラと見えた。

今までのような危険がないと知り、「ここまでくれば大丈夫だよね」と内藤青年に軽口をたたくと「いやあー、苦しかったです」と、ふだんほとんどタバコを口にしない彼が無心してきた。

眼の前に大きく小屋の明かりが見えてきた。時刻は八時を過ぎている。貧乏沢のこのエスケープルートになんと十二時間もかかってしまった。もし北鎌尾根に取り付いていたら、果たして独標までたどり着くことができただろうか。

遅い時間の到着にも、小屋の若者はイヤな顔ひとつせず夕食を出してくれた。汗と雪にぬれた服をストーブの周りに干した。全員の服が、五月の鯉のぼりのようにたれ下がった。

私は空腹と疲労のため用意された夕食がなかなか喉を通らず、ひたすらお茶を飲みまくった。ふだんならビールを口にするところなのだが、極度の疲労のためひと足先に二階の布団が敷かれた部屋に転がりこんだ。ガラス窓を割るように激しくたたきつける風雪に、もし北鎌に取り付いていたらと、改めて不安が胸の中を去来した。

翌朝、風はあいかわらず強いが快晴に恵まれた。七時に小屋を出ると、幻に終わった北鎌尾根がにぶく光っていた。鋭く急峻な岩稜が槍の頂上まで突き上げている。ピッケルを突き刺しながら、皆それぞれの思いをもって眺めていた。

私には近づくことさえできなかった北鎌尾根だが、こうして眺めているだけでも幸福だった。リーダーは「登れなかった山ほど、あとで懐かしく思い出すものだ」と、私を慰めるように言ってくれた。

大天井岳から表銀座《おもてぎんざ》の縦走コースは、雪が締まっていてなんの不安もなかった。為《ため》右衛《え》門吊岩《もんつりいわ》を通り、大下《おおくだ》りのコルで休憩をした。これまで開くことのなかったスケッチ帳に、簡単に山の絵を描いた。出発点の湯俣温泉が足下に見える。針《はり》ノ木《き》、烏帽子《えぼし》、野口五郎《のぐちごろう》、三俣蓮華岳が、どっしりと雪を残した山容を見せている。

私は「山はいいなあ」と声をあげた。沢沿いの荒涼とした風景と違い、尾根から見る山の姿はことのほか美しかった。私はしみじみと山の姿に見とれて、誰かが言っていた「山は裏切らない」という言葉にひとり納得するのだった。

昼、燕山荘《えんざんそう》に着くとカメラマンと顔なじみの小屋番が何人かいて「ゆっくりしていってくださいよ」と、とびきりおいしいうどんを作ってくれた。小屋から三時間も下れば中房温泉だ。私は喉がかわいていたのでレモンジュースを飲んだ。そのうまさといったらない。生きかえるようだった。

北アルプス三大急登のひとつである合戦尾根の樹林帯を、左右に転がるように下りてくると、またたく間に中房温泉に着いた。

振り返ると夏のような青空が燕岳《つばくろだけ》の上に広がっている。プラスチックブーツから軽いシューズに履き替えた。「また北鎌やりましょう」

「山は逃げないからね」

「いや五十を過ぎると山はすごい逃げ足で去っていくから、やる時は今しかない」

「過激な中年おじさんだな」

そんな冗談をかわしながら、できたばかりの檜《ひのき》の浴槽に入る。私は湯俣から千天出合、貧乏沢から大天井岳と、改めて今回苦労してたどってきたコースを反芻《はんすう》した。仲間を見れば、全員湯ぶねに首までつかり、まるで仏さまのような顔をして眼をとじていた。

低山の愛妻弁当〈秩父・観音山〉

若い頃は、山と言えば「高きが故に貴い」、という考えで、三〇〇〇メートルクラスの山や難しい岩場のルート、そして雪渓にしか目がいかなかった。本格的に山に通いだす五月の連休となれば、決まって谷川連峰や穂高にテントを張ることが多かった。

だが、歳を重ねるにしたがって、人の行かない静かな山にひきつけられるようになった。弾む心で「山に登るんだ」という気分は薄れ、山旅をするといった風情が、自分の性に合っているとこの頃つくづく思う。

仲間と穂高から下りてきた時だった。徳沢《とくさわ》で新緑の林をじっと眺めているひとりの年配の登山者に会ったことがある。我々がその横を挨拶しながらドカドカと通過しようとすると、

「この木には神が宿っている」とつぶやくように言うのである。

信仰心のかけらもない我々だったが、思わずその一本のケショウヤナギの大木を眺めたのである。風格をたたえ、苔むした大木に対して老人は、

「お互い長く生きてきたねえ」

と話しかけているようだった。

そのシーンをよく思い出すのだが、私もゆっくりと辺りの風景を見渡すゆとりが、最近ようやく持てるようになってきた。


初夏のある日、秩父の観音山《かんのんやま》にいつもの仲間とふたりで出かけた。池袋《いけぶくろ》より西武線《せいぶせん》の特急に乗って一時間半。昔に比べるとまったく便利になったものだ。

山に行く時は電車がいちばん。車では運転に疲れるし、なによりも駐車場を探さなくてはならない。その上、登り口と同じ所に下山しなければならない。また、なにより渋滞などに巻きこまれた場合は困ってしまう。だからこのところ、近場の山でも電車で行くことにしている。

観音山は秩父の街の西方、小鹿野町《おがのまち》と吉田町《よしだまち》の山間にある。秩父札所の観音院のある三角形のこぢんまりとした山だ。標高六九八メートルの低い山ではあるが、山頂からの眺望が美しいと聞く。

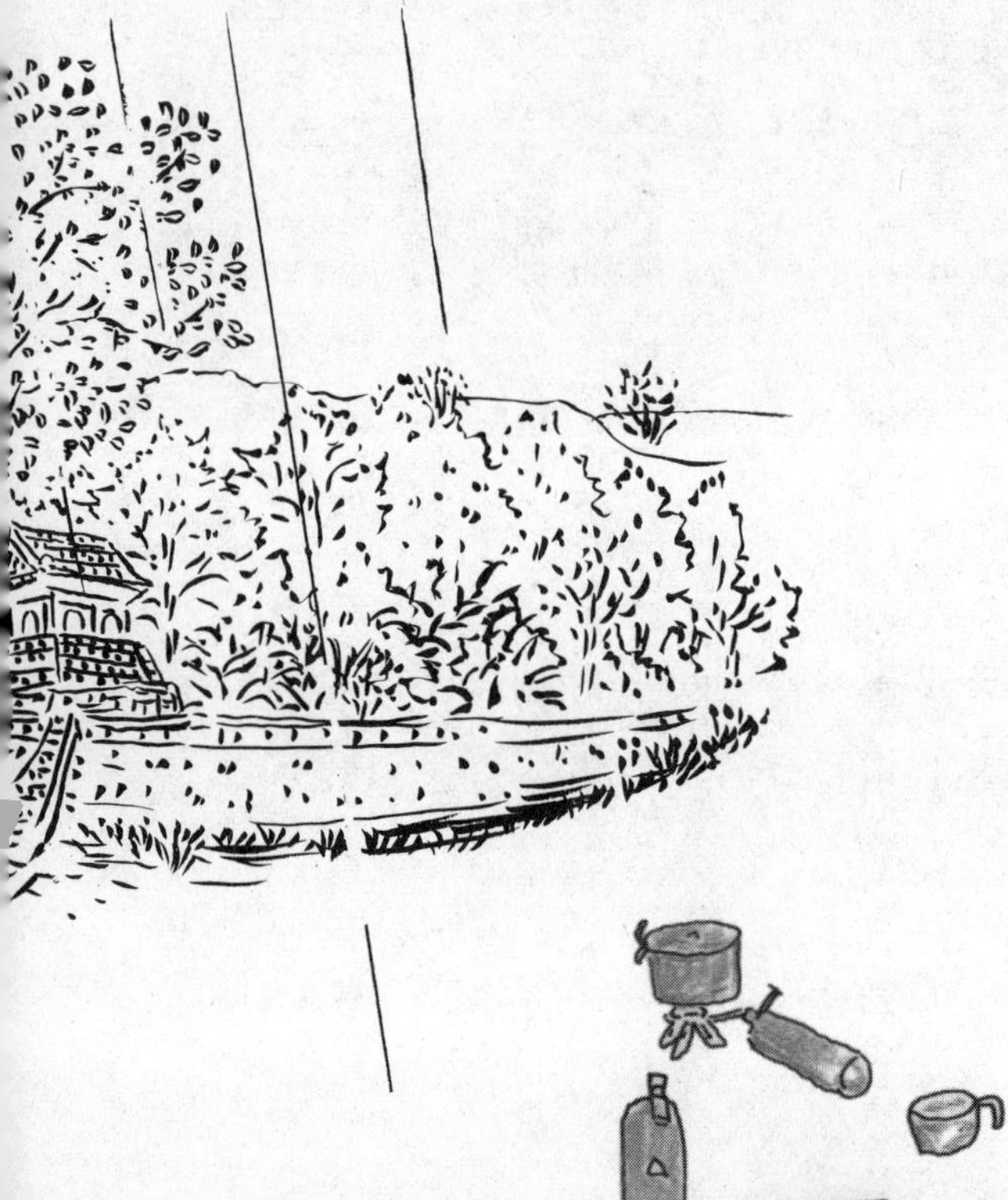

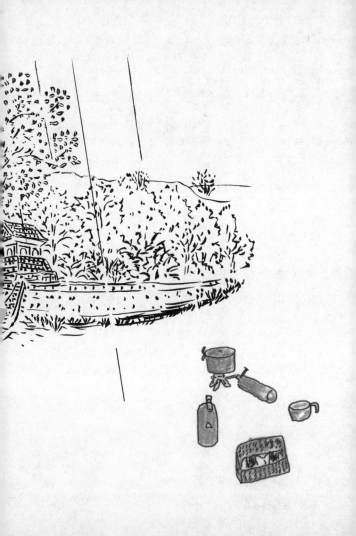

西武秩父駅よりバスを乗り継ぎ約一時間程で登山口の栗尾《くりお》に着く。バス停の前でザックと靴のヒモを結びなおし、今にも泣き出しそうな空を仰ぎながら出発すると、早くも霧雨が降ってきた。

アジサイの咲く街道をしばらく歩くと、水子供養で名高い地蔵寺《じぞうじ》である。道沿いから山の斜面の上まで、無数の地蔵が並んでいる。一万四千体もあるという。近くで見たらおびただしい数の地蔵ひとつひとつに赤いよだれかけが掛けられ、花と風車がさしてあった。そして、その上には大きな鯉のぼりがたれ下がっている。雨のその光景は、はなやかな彩りのなかにも、おどろおどろしい雰囲気と、寂しさが漂って奇妙だった。そぼふる小雨の中で、しばらく水子地蔵を眺めていた。

川に沿って車道を行き、トンネルをくぐると秩父札所三十一番の観音院仁王門が見えてきた。立派な石造りの仁王さんがにらんでいた。絵地図によると観音院本堂は山の中腹にあり、東西の山腹のほど近い場所に奥の院がある。

山門の前の休憩所で水筒に水を補給し、「ご自由にお使いください」と書かれた箱から竹の杖を借り、急な石段を登る。両脇に句碑がいくつも立ち並び、岩棚のところどころには、石仏が祀《まつ》られている。山寺の雰囲気があたりを包み、石段を登りつめる

と、大きくえぐったような岩壁の下に観音院があった。正面の本堂で記念写真を撮ってから、いよいよ山登りコースに入る。

荒い息をつきながら一時間弱登りつめるとやっと水平な道に出た。雨もおさまり、ゆるやかになった道を冗談を言いながらのんびりと歩く。

「お昼のお弁当は、カミサンが腕をふるったのでうまいぞー」

相棒の奥さんは最近になってやっと職場から離れることができ、家で料理を作る時間が持てるようになったらしい。一方、私の妻はいまだに休日も仕事仕事と駆けずりまわっている。だから、今回の山行の昼食は彼にまかせた。

「昼のメニューは、シャケ、明太子、ウメボシのおにぎりにトリの唐揚げ、レンコンの入ったキンピラ、コンニャクのピリ辛煮、茹でタマゴ、グレープフルーツ、ということだ」

すでに腹が減ってきているので、メニューを語る彼の声にいちいちツバを飲みこんでは反応する。気のせいか足の運びも早くなったようだ。

『2時間登頂の山』という本があるが、観音山はさらに短く一時間で登れる。途中の分岐を左に登ると、すぐに頂上である。小雨が煙り辺りの風景は何も見えない。これた道標をたよりにきたので、ここが頂上かどうか不明だが、とりあえず二等三角点らしきものがあった。

食事にしたいが、見晴台のまわりには座る所がない。もと来た道をカラマツ峠の方に向かって下りながら適当な場所を探すことにした。開けた斜面に出たので、ここで昼食にする。

相棒のカミサン手作り愛情弁当を、無駄口をきかず次々と口に放りこむ。タマゴスープを飲み、やっとひと息ついた。

山の弁当について何がいちばんよいか、低山はどこがよいかなどと、それぞれうんちくをかたむけながら、ゆっくりと食事を終える。その時一瞬霧が晴れ、眼下に集落が、まるで映画のスクリーンのように映し出されてきた。遠くには上州そして奥秩父の山肌が重なるように見える。それまで雨でずっと目隠しをされた状態が続いていたので、我々は「ウォーッ」と雄叫びをあげ、一瞬の眺望を満喫したのだった。

地図はガイドブックのコピーなので、雨にぬれ判読が難しくなっていたが、とりあえずカラマツ峠を下ることにした。道標も道も完備しているルートを行く方が安全である。「頂上まで一時間の山」で遭難することもあるのだ。

滑る足元に注意しながら山腹を下って行く。帰りは千鹿谷《ちがや》鉱泉で汗を流していこうと相棒は言ったが、私はその金を酒にまわそうと彼を言いくるめた。

低い雲や、もやった下界を眺め、雨上がりの森の中をのんびり歩くのがこれほど楽しいこととは思わなかった。新緑に見とれようが、鳥の鳴き声に立ち止まろうが、時間はたっぷりある。緊張する場所があるわけでもない。気ままにだらだらと下った。

ひと汗かいたあとの温泉、といういつものパターンをやめにした我々は、小鹿野町新井《あらい》のバスターミナルに向けバス道をひたすら歩いた。秩父に着いたら、駅のまわりの路地も探索してみよう。

バス停には高校生の集団が秩父行きのバスを待っていた。息子と同じように髪の毛を茶色に染めた高校生たちが騒いでいる。二十分ほどしてバスがやってきたが、高校生が歓声を上げて乗りこむので、中年組はおたおた、体格のいい彼らにはね飛ばされながらも、後ろの席にうまい具合に座れた。

ふたりの登山者と後はすべて高校生の集団という奇妙な乗り合いバスは、狭い小鹿野の旧街道を抜け、西武秩父駅に向かった。私は山行記録をいつもの革のノートに記す。

「頂上一時三十分。突然霧が晴れ、感激。ツツジがきれい。おにぎり、コーヒー。今度ガスコンロが入る小型クッカーを買うこと」

他人が見たらなんだかわからない文字をつづる。隣で腕組みしている相棒は、休み前の徹夜に近い仕事のため、うたた寝をしている。

彼とはこの十年、本当によく山に登った。山の熟達者でありながら押しつけがましいところがないのがなんともいい。長期間、山の閉ざされた世界にいると、親子でもうとましくなってくる。ましてや他人と行動すると、いざこざのひとつやふたつはあるが、彼とはそういう関係になったことは一度もなかった。

駅前でバスを降りると、ふたたび小雨が降ってきた。ぬれながら居酒屋を探すが、まだ時間が早いのかどの店も暖簾《のれん》を出していない。何の目的もなく、古びた懐かしい形のビルを眺めながら街をふらふらと散歩する。

塩が盛られ、今開けたばかりという一軒の飲み屋に入った。やけに元気のいい姉さんが笑顔で飛び出してきた。「ぼくらの登った山を当てたら、なんかあげるよ」と席に着くなり私が言うと、うーんとしばらく考え、「秩父、二子山《ふたごやま》？」と言った。「観音山だ」と答えると「ああそう知らない。いい山だった？」と人なつっこい笑顔でうれしそうに生ビールを運んできた。

山の幸福な食卓〈北八ヶ岳〉

秋風が吹く頃になると北八ヶ岳が恋しくなるのか、登山者が多い。秋から冬にかけての北八ツは、原始の姿がよみがえり、本来のひっそりと静まり返った世界に触れることができる。

八ヶ岳ほど南と北で山容の変わる山もめずらしい。赤岳を中心とした南八ヶ岳の山群は、ゴツゴツした岩肌を鈍く光らせ鋭角的である。それに比べて北八ヶ岳の山々は原生林におおわれ、大小の池沼が点々とし、「山旅」をするにふさわしい山塊だ。特に北八ヶ岳は時間をたっぷりとって、森や苔の匂いに包まれて歩いてみたい。

私が北八ツに憧れをもったのは、高校生の頃であった。毎夜布団の中で山の本を開きながら、思いを募らせた。山口耀久の『北八ッ彷徨』という一冊の本との出合いが決定的だった。あの頃の私はその本を読みながら、作者と同じように北八ヶ岳をずい

ぶんと自由に散策したものだ。樹林越しに見た八ヶ岳本峰、鬱蒼《うっそう》とした木々に囲まれた亀甲池《きっこういけ》、草原の麦草《むぎくさ》峠、雨池、白駒池、そしてニュウと。本が書かれてからすでに三十年も経とうとしているというのに、何度読み返しても色あせることなく、今だ胸に迫ってくる。

夏も終わりに近づいたある日、稲子岳《いなこだけ》へ行こうという友人の誘いに、ふたつ返事でのった。稲子湯を午後二時という遅いスタートだったが、その日はみどり池《いけ》のしらびそ小屋までという予定になっていたので、のんびり登って行くことにした。

相棒の大蔵夫婦は「新宿《しんじゅく》を発つ時は大雨だったので心配したよ」と空を見上げたが、雲の合間からはまぶしい青空がのぞけた。「ああ、山の匂いがする」と両手を広げた奥さんは、胸いっぱいに森の空気を吸いこんで、まるで子どものようなしぐさがかわいらしい。

山口耀久氏は『北八ッ彷徨』で、

『北八ッでは、何時までにあの峠について、何時までにあの頂きを出発しなければならないというような、時間にしばられた歩き方はしない。いいところがあれば、ねころんで煙草を吸って、いろんな空想をあたためたり、ヒガラやメボソのきれいな声に耳を傾けたり、気がすむまで腰をあげない。気が向いたら、予定を変更して、まだ陽の高いうちから天幕を張ったってかまわない。思い出の質量というものは歩いた距離にばかり比例するものでないということを、この山地の気ままな山歩きが教えてくれたからだ。』

と、章の初めにこんなことを書いている。

確かにカラマツ林のゆるやかな登りを歩いていると、コースタイムなどは忘れてしまい、スケッチブックを取り出しのんびりしてしまう。

山というといつも先へ先へ歩こうとする大蔵先輩に、「北八ツではゆったりしなければ」とクギをさすと、

「沢野さんはどこの山だって同じじゃないですか」と言われてしまった。

そういえば正月休みに大蔵一行と行った、ネパール・ムクチナートへのトレッキングでは、ゆっくりはゆっくりでものんびりし過ぎて、暗くなってから目的地に着いたことを思い出した。

リーダーはいつもの大蔵喜福にまかせ、彼の奥さんの喜美子《きみこ》さん、私の息子、他に十名ほどで富士山より高い所まで歩いた。女性軍はけっこう強かった。喜美子さんから出てくる言葉は「ああ、もうダメ。もう歩けない」ばかりであったが、なぜかバテ

ないのだ。それに比べて男性軍は「平気、平気」と言いながらへたばってしまい、しまいにはシェルパに依存しては迷惑をかけてしまった。

「少し休みましょう。ああしんどい」水場に来ると奥さんは小さなザックを下ろし、ネパールの時と同じように息を切らしている。だが見かけによらず足元はまだぜんぜんしっかりとしている。

私が少年時代にテントを背に北八ツを縦走したことなどを話していると、小屋への荷揚げ用キャタピラが登ってきた。切り株に乗り上げたようで、どうも難儀していた。リーダーが声をかけると、しらびそ小屋の奥さんだった。犬と一緒に荷揚げで登ってきたのだ。

「手伝いましょうか」何度もこの小屋を訪れている彼と私はキャタピラを木橋の上に押し上げた。

「ありがとうございました。ではのちほど」と奥さんは礼を言い、乾いたエンジン音を立てて小型の車は動きだした。

ここまで来ればあとは急なジグザグを三十分も登ればしらびそ小屋に着くはずだ。

若い時はよくひとりで山に行ったものだが、この頃は気の合った仲間とおしゃべり

しながら山に来るのが楽しい。ここに来る前に出かけた朝日連峰の話や、今秋予定している山の話をとりとめなくして登って行くと、「オレもこの前行ったアラスカのデナリは荷が重くてしんどかったよ」と苦笑いする。
「これからの登山は北八ヶ岳の山旅のように無理せず歩いて行きましょうね」と、彼に言うと「のんびりやりましょう。年齢には勝てませんからね」と答えた。
昔、木材を伐《き》り出したときのトロッコの軌道跡が見えてきた。平坦になった道の先にしらびそ小屋がポツンと現れた。
「こんにちは」小屋のドアを開けると、奥の方から小屋の主人が「やあ、いらっしゃい」と出迎えてくれた。

小屋の中では薪ストーブが燃えていた。しらびそ小屋は一年中、このストーブが活躍している。ザックを下ろすと「とりあえずこれでも」と豆を挽《ひ》いたコーヒーが置かれていた。

私はサンダルに履き替え、カメラを手に小屋の周囲を歩いた。深い森に囲まれた小さな池が、風に波うっていた。みどり池の名のとおり、周りには濃いシラビソの森が広がっている。シルクのような霧が池をおおい神秘的な雰囲気を漂わせる。東《ひがし》天狗岳が霧の切れ間から顔をのぞかせていた。

夏、穂高や剱岳《つるぎだけ》あるいは谷川岳で岩登りばかりに夢中になっている連中も、秋になるとこのしらびそ小屋にフラリと訪れたくなるという。確かに池畔《ちはん》に座っているとそんな気持ちがわかるような気がする。

私は、自分自身がこれまで山に何を求めてきたのだろうかと、ときおり考えるが、答えはいつもあいまいで何も出てこない。もしかしたら「やすらぎ」がいちばん適当な答えなのかもしれない。

そんなことを思いながら冷えた体で小屋に戻ると、いつの間にか夕食の準備ができていた。リーダーは小屋の夫妻と屈託のない会話を楽しんでいた。

その夜の食卓は山菜の天ぷら、シカ刺し、ナスの田楽、冷や奴《やっこ》……とうれしい山の料理でもてなしてくれた。北八ツの山小屋の中でもこのしらびそ小屋は昔からのファンが多いと聞いているが、ランプと薪ストーブだけではなく食事も魅力があるからなのだろう。

翌朝、ストーブの上で焼いたトーストを朝食に食べてから、稲子岳に向かうことにした。窓辺に餌付けをされたリスが忙しく動き回っている。昼前には小屋に戻る予定で、ザックに雨具と水筒、地図だけを入れた軽い荷物で出発する。

軌道跡にそって中山峠《なかやま》への道を登って行くと独特な苔の匂いが身体を包む。まるで厚い絨毯《じゅうたん》が敷かれたように、苔が岩をびっしりおおっている。稲子岳への道は注意しないと見落としてしまう。微かな足跡だけの小道に入ると、さらに沈黙した苔が地面を包んでいる。地図にない道は赤い目印のテープだけが頼りだ。

陽の当たらない樹林の中の苔むした小道の脇に、ホシガラスがひっそりととまっていた。私たちはそっと身を伏せ、見とれていた。すると今度はカモシカの親子が、樹林帯をいっきに駆け抜けていった。薄暗い森の中で動物たちは、身をひそめて生きている。一歩ずつ歩いて行くと、遅いシャクナゲの花があたりを明るくしていた。

歩き出して二時間で稲子岳頂上に着いた。頂には可憐なコマクサが、最後の力をふりしぼってピンクの花を咲かせている。

ここまでの登山路はガイドブックにはない。道に迷う危険はあるが、訪れた者には雄大な風景と高山植物、動物に会える楽しみを約束してくれる。眼下にはみどり池と小屋の屋根が小さく光っていた。

大蔵リーダーがガスストーブでコーヒーを沸かしはじめた。奥さんは盛んにコマクサをカメラにおさめている。遠くの縦走路を歩いているのか、若い少年たちの華やいだ声が風に乗って聞こえてきた。

頂上の風はすでに秋そのものである。山の夏は一瞬で消えていく。私はゆっくり立ち上がり水筒の水を飲んだ。かすかに苔の匂いがした。

縦走の知恵、時短・簡単・節約メニュー〈大雪山〉

毎年夏になると長い縦走に出るのが恒例となっている。歩くコースはメンバーによって変わるが、高山植物の美しい山に行くことが多い。剱岳、白馬岳、槍・穂高にはじまって、最近では飯豊、朝日連峰と、だんだんたおやかな峰の縦走が多くなり、身の丈にあった無理のないコースを歩くようになってきた。

今回の山行が北海道の大雪山《たいせつざん》に決まった時、十年ほど前に歩いた、知床から羅臼岳周辺の雄大な山容を思い出していた。あの時はモセカルベツの沢登りであったが、沢をぬけた源頭部には一面のブルーベリーの群生が広がり、感嘆の声をあげた。雨にたたられた山歩きであったが、豊富な植物に北海道の山の奥深さを教えられた。表《おもて》大雪縦走のロングコースをテント食料をかついで歩くとなると、私の体力では山中で四泊はしたいところだ。東京から出発すると登山口の宿で一泊、下山口のトムラウシ温泉でも疲れをとるために一泊したい。となると予備日まで入れて一週間は休みをとらなくてはならない。

天気が安定する七月下旬に、大きなザックを肩に旭岳《あさひだけ》温泉の宿をあとにした。ロープウェーの終点、姿見平《すがたみだいら》からいよいよ表大雪大縦走がはじまるのだ。

当初は四、五名の、いつもイヤというほど顔をつきあわせている連中との山歩きを予定していたが、大雪山は人気が高い山なのか、われもわれもと名のりをあげ、なんと十名をこす大所帯の登山隊ができあがってしまった。十数人がゾロゾロ集団で歩くとなると、ほかの登山者の迷惑になると、パーティをふたつに分けて歩くことにした。

私たちのグループにはまだあどけない顔をした十代の大学生が仲間入りした。

「山登りは初めてですのでよろしくお願いします」と、頭を下げた。

もうひとつのグループにも「山登りは初めて」というのが何人かいたが、みな面まえが山男風で子供の頃から野原で遊びなれた連中ばかりだったので、彼の少年のような顔立ちがいっそう眼についた。

大雪山での宿泊はすべてテントなので、装備も多くなり、荷が重くなるのは覚悟しなくてはならない。大蔵リーダーは出発直前まで、テント、シュラフ、食料計画とこまごましたチェックを繰り返していた。とりわけ今回食料係を担当した、怒るとヒグマより野性味を発揮する三島悟は、一週間分の食料を前夜何時間もかけて整理をし、各隊員に分ける準備をしていた。そして「文句を言うやつは、ヒグマの棲み家に放り込むからな」と凄味のある声でおどかしていた。

初日の予定は姿見平から中岳《なかだけ》温泉、間宮岳《まみやだけ》を通り旭岳の雪渓があるテントサイトまでだ。遊歩道のような歩きやすい道のまわりには、チングルマやエゾツガザクラなどが雪解けの水をたっぷり吸って風に揺れていた。もうひとつのグループも気楽に周辺の花をカメラにおさめたり冗談を言いながら、散歩気分で大雪山の出だしの風景を楽しんでいる。途中の中岳温泉では河原の露天風呂につかっていた連中もいたが、ここからの登りがきついので、私はのんきに温泉につかる連中を冷たい眼で眺めていた。

裏旭《うら》のキャンプ指定地は風の通り道にあたるのか、テントを張り終えると強い風にさらされて、私は七分袖の羽毛のジャケットを取り出した。北海道の屋根と呼ばれる大雪山は、ひとたび天候が崩れると北アルプスの三〇〇〇メートル級の山々と同じくらい厳しい気象条件になる。北海道の山は緯度が高いため、標高よりも一〇〇〇メートルはプラスして装備を考えたほうが良いとリーダーも言っていた。

夕暮れのなかで雪渓が光っている。私がテントの外に出て熊ヶ岳《くまがたけ》のシルエットをスケッチ帳に写していると、少年のような顔をした大学生がセーターの上にヤッケを着

こんで「寒いですねえ」と肩をふるわせて絵をのぞきこんできた。「そういえば岩の間のところにナキウサギがいたな」と手を休めて言うと、「ウサギですかあ?」とあどけない顔をした。

「北海道に多いノゴマという鳥は見た?」

「ノゴマって?」「スズメより大きくて赤い喉が特徴の鳥だよ」と言うと、彼は「オレ歩くことで頭がいっぱいで何も見ていないんですよ」そう言って大きな青い月をボンヤリ眺めていた。

私も少年と同じように、若い頃は山を歩いても何も見ていなかった。地図とガイドブックと山道、そして頂上に立つことしか頭になく、樹々も花も鳥も見ていなかった。今よりもずっと感受性が豊かだったはずなのに、思い出すのは頂上から見た山の姿だけだった。逆に自分の体が見知らぬ山の中にいるだけで充分に感動できた年頃だったのかもしれない。

ガスバーナーが点火すると夕食の用意がはじまる。近くには雪どけの小川が流れており、水に苦労することはない。この晩はミソに包んで持ってきた豚肉のステーキと豚汁である。

テント山行の長い縦走となるとレトルト食品が多くなるが、わがヒグマ顔のコック長は単調になりがちな食事に知恵を絞っている。まずは前菜に生キャベツとキュウリの即席漬け物が出てきた。ヒグマ顔は石の上に腰を下ろし、夕食の指示をテキパキと出していた。

山の初日は都会の生活と喧騒から離れホッとする。ランタンに明かりがともると、お互いの仕事の悩みや家族のことなどボソボソと話し出す。私も山に来ると時々仕事のグチっぽい話になってしまう。何年も山を歩いてきた仲間は「まあこんな時代に山に来れるだけでもいいじゃない」と、けっきょくは山に感謝しながら登山靴をマクラに深い眠りに入っていくのだった。

翌日は北海岳《ほっかいだけ》から白雲岳《はくうんだけ》方面に下る。のびやかな高山帯が広がってくる。早朝の雲ひとつない青空がまぶしい。首筋の日除けのタオルを帽子でおさえ、Tシャツ一枚と快適な山道である。ひと登りすると白雲岳分岐にさしかかり、ここにザックを置いて、白雲岳頂上を往復することにした。山頂からは旭岳の残雪がまだら模様のように織りなしてひときわ美しい。我々のグループ十数人がダンゴのように山頂に集まった。みんな山の壮大さに感動したのか、ただ黙って見つめている。そのとき仲間のひとりが眼下の白く光って見える沢を指さし「そうだこの白雲沢を何年か前につめたことがある。いやあ苦労したよ」と思いだしたように言った。「沢のルートも苦労したけど、

ヒグマのフンがたくさんあって怖かったなあ」と懐かしそうにうなずいた。

今夜のテント場は白雲岳避難小屋のテントサイトである。急ぐことはなにもなかった。あと一時間もぶらぶら下ればテント場に着く。私は手帳に、イワヒゲ、タカネスミレ、ミヤマリンドウ、コマクサ、タガネチドリ、トラカクリンドウ、チングルマと次々と花の絵と名前を書きこんでいった。頂上から見たトムラウシ山《やま》がはるか遠くにポツンと頭をのぞかせていたが、忠別岳《ちゅうべつだけ》、化雲岳《かうんだけ》、トムラウシ山と雄大な山岳展望がこれから待っているのだ。

私はザックをマクラに真夏の太陽を体中で浴び、うつらうつらしていた。眼を閉じても強い陽の光はハッキリと意識できる。

この頃山に来ると、自分の体力はこの辺で限界かなと思うようになってきた。しかし一方ではザイルやピッケルを使った山登りは、いったいいつぐらいまでできるのだろうかとも考える。五十代をとうに過ぎても、ヒマラヤの八〇〇〇メートル峰に挑む同世代の人たちをニュースで知るたび、山への挑戦を続ける彼らの姿に胸を打たれる。

私がまだ中学生だった頃、高校生の兄は山岳部に入り、休みというと朝から山に出かけていた。そのうち岩登りにも興味が出てきたのか、麻のザイルを肩に山に向かう日が毎週のように続いていた。そんな兄に父はときおり怒鳴りちらすことがあった。その当時仕事がうまくいかず無職だった父は、毎週のように浮き足だって山に行く兄の姿に腹が立ってしかたがなかったのだろうか。家にいても何もやることのない父は時間をかけ新聞を読み、仕事で外に出ている母の残した家事を細々と片づけ、あとは退屈な時間を過ごすだけであった。

そんな日が続くと父はまるで兄をかたきのようにし、こまごましたことでケンカがたえなかった。

ある夏、穂高で合宿していた兄が事故にあったという電話が松本《まつもと》の警察から入った。父は「あのバカ野郎が」と激しく電話をたたきつけた。私とふたりの妹は父の形相を見て、兄が山で大きな事故を起こしたのかと心配したが、穂高のテント場で盲腸のため身動きできないと知った。翌日、父は新しくおろしたワイシャツに白い帽子を手に松本に発ち、二日ほどして兄が松本の病院に無事入院したという連絡を寄越した。

意外であったのは父が家に戻ってきた時のことである。涸沢《からさわ》から兄が搬送されるあいだ上高地の宿で待機していた父は、おそらく日がな一日、山を見て過ごしていたのだろう。私たちの前で、上高地から見た山がそれは美しかったことを興奮して話し出した。鬱屈《うっくつ》した毎日を過ごし、金もなくどこへも出かけられなかった父は、上高地から見た残雪の穂高の山々に、言いようもない感銘を受けたのだろう。

その後、父は兄の山行に対して前のように怒鳴りちらすことはなくなった。それどころか父は口癖のように「上高地から穂高をカメラにおさめたい」と言っていた。しかし二度と穂高に出合えることなく、私が五十歳に入ると八十四歳で亡くなってしまった。

私は二十分ほどうたたねをしていた。コーヒーができあがったという声で起きあがった。

分岐からハイマツ帯を越え、雪渓の上に残っている踏みあとを確かめながら下る。まもなく避難小屋と色とりどりのテントが海岸のパラソルのように見えてきた。

今夜はカレーライスに野菜サラダのメニュー。山でカレーの人気が高いのは、次の朝も薄めてスープにできるし、レトルトでも満足できるからだろう。食べ始めるとキュウリとキャベツがコッフェルの中で露にぬれている。

マットの上にどっかりとあぐらをかき、その日の行程表をつけているとカップにつがれたウイスキーがでてきた。「お酒は明日でおしまいですからね」と食料係が言い添える。しかし私はこれだけの大パーティなのだから、だれかが必ず酒は隠し持ってきていると思い、「おう、そうかい」と気楽に答えた。すると「ほかの人はだれも持ってはいませんよ、本当にこれだけですからね」と念を押されてしまった。その言葉に茫然《ぼうぜん》として、食事と酒を口にすると早々とシュラフにもぐりこんでしまった。

三日目はスレート平から高根ヶ原《たかねがはら》を越え、忠別岳避難小屋までの行程である。地図を見ると距離はありそうだが、標高一八〇〇メートル前後の平坦地がゆったりと続くコースで、大雪山を象徴する広大なお花畑が続き、六時間も歩けばテントサイトに着くはずだ。我々のあとをときおり奇声をあげてついてくるおかしな青年や中年グループも、晴れ渡った山道を元気いっぱい歩いている。少年も日焼けして、だんだんたくましいツラがまえになってくるのが微笑ましい。ただ広い場所なので、ガスが出たり強風が吹くと身を隠す場所もなく、天候には注意を要する。道標になるケルンが積み上げられたスレート平を過ぎると、ヒグマの出没状況で通行止めになる大雪高原温泉に下る三笠《みかさ》新道分岐で休憩した。谷間をのぞきこむと、いかにもヒグマが棲息しそうな鬱蒼とした森と沼が広がって見える。両脇をお花畑に囲まれた、なんとも贅沢な雲上の楽園といった山道だ。

遠くに透明感のある大きな雲が広がっている。足元には短い北の夏を追いかけるように、次々と高山植物が花開く。白いエゾノハクサンイチゲと紫のエゾコザクラが長

い登山道にオアシスのように咲き誇っている。忠別沼を過ぎ、ひと登りすると忠別岳のてっぺんに立った。

縦走の一番の醍醐味は、自分たちが越えてきた峰々を振り返る時である。山を登る時はひたすら足元ばかりを見て汗をかいてきただけに感激もひとしおなのだ。「よくここまで歩いてきたものだ」と自分の細い足がいとおしくなってくる。旭岳、白雲岳がすでに遠く小さく見えている。少年は「すごいですねえオレたち」と、山登りのおもしろさを満喫しているようだった。

緑の中に雪渓が絵の具の筆でサッとなでたように白く続いている。忠別岳を越え一時間も下るとテント場にたどり着いた。雪渓からの水が滝のように音を立てて流れている。テントを張っているとキタキツネがものほしそうにそばまで寄ってきた。

今夜はカキと長ネギの炒めもの。カンヅメのカキをコッフェルにもどし、エンピツほどの長さにそろえた長ネギを半分に切りフライパンで炒める。手間のかからない料理だが、山の中ではなかなかにこたえられない。

我々が川のそばで食事の仕度をしていると、なんと上流では、上半身はだかになった男たちが、タオルで汗を拭き、女性たちは足を水に浸け洗っている。我々がその下で食事の用意をしているのも眼に入らず、ひたすら子どものようにはしゃぎまわっている。この眼にあまる行為に食料係のヒグマ顔はついに吠えた。「あんたらそこでなにをしてるんだ！」せっせと水に浸けたタオルで上半身を拭いていた連中は一瞬、何をいわれているのかわからず、ポカンとしていた。

「オレたちはこの水でメシを作っているんだ。汗を拭くならもっと下でやってくれ」とヒグマがもう一度どなると、リーダーらしき男が「すいません。気をつけます」と頭を下げ、はしゃぎまわる連中を注意して上流から姿を消した。

「やれやれですなあ」と私がなぐさめの声をかけると、

「山にだってマナーっていうものがあるでしょう」とヒグマはニタリと笑った。

明日はいよいよトムラウシ山に向かう日である。そういえば一日中ウグイスが鳴いていたが、これだけの天気はいつまでもつのだろうか。リーダーは「明日からかならず天気は荒れ模様になる」とやけに自信ありげに言った。

夕食のあとは残り少ない酒をチビチビと飲むのが楽しみなのだが、すでにビールは一日目でなくなり、ペットボトルに移しかえてきたウイスキーも残り少ない。その上ひと口飲むごとに水で薄めてきたので、今やウイスキーのこはく色の液体もあやしくなってきている。一方隣のテントがやけにはなやいでいる様子なのでのぞいて見ると、サッと何かをシュラフの奥に隠した。「オイ今のなんだよ。見せな」と私がテントの入口から入りこむと、なんとペットボトルに移しかえたウイスキーがまだ二本もあるのだ。

「こ、これは明日のトムラウシ直下のテント場で飲む分なのです！」と叫んでいたが、私は山の案内料として一本よこせと奪い取ってしまった。夜ごとおじさんたちが酒のことで騒いでいる姿を見ていた少年は「酒飲みって本当にいじきたないですね」とつぶやいていた。

「おじさんたちの楽しみはこれだけなの」カップに新しいウイスキーをたらすと我々はいたって饒舌《じょうぜつ》になり、どうでもいいようないつもの会話がはじまるのだった。ヒグマおやじは最後に「いちど山で酩酊《めいてい》するまで飲みたいなあ」とあぶないことをいって宴会はおひらきになった。

いよいよトムラウシ山をめざす。天候にも恵まれ全員いたって元気なのが、なによりもうれしい。五色岳《ごしきだけ》から背の高いハイマツ帯に苦労しながら化雲岳をひたすら登る。見通しも悪く、ヒグマに出合うのではないかと心配した仲間のクマ除けの笛の音が聞こえる。ハイマツ帯の露で全身をぬらしながら、化雲平へ出ると視界も広がりホッとする。化雲岳山頂には十時に着き「神遊びの庭」という、みごとな自然庭園の眺めに大雪山に来れたことを深く感謝した。

チングルマが咲きほこる前で思い思いにザックを下ろし、山の風景を堪能する。今までこれほどまでに美しい広がりを持った山を見ただろうか。白雲岳周辺は登山者も多かったが、化雲岳を越えると人影もまばらで、我々のグループだけが、山をひとりじめしているようであった。満々と水をたたえた静かなヒサゴ沼《ぬま》を見ていると、こんな場所で二、三日泊まったら、都会での焦燥感や不安はすべて消え去ってしまうだろうな、と思った。

ロックガーデンと呼ばれる岩稜帯を足場に注意しながら歩いていると、ついにリーダーが口にしたように天候が崩れ、雨がポツポツと降り出してきた。北沼《きたぬま》を越えたあたりから雨足がしだいに強くなる。トムラウシ山の直下のキャンプサイトにあわててテントを張った。強風にカミナリと、しだいに暴風雨のようになりテントの中にびしょぬれでもぐりこんだが、すでに時間は五時を過ぎていた。

少年は冷たい雨と強風に「山ってすごいですねえ」とふるえていた。

「とりあえずひと息いれましょう」と食料係はビニール袋からパンをとり出し、トマトとハムのサンドイッチを手ぎわよく作った。熱い紅茶とパンを口にすると、やっと元気をとり戻したのか、私と少年は外に出てもう一度テントの張り綱を点検した。

十数人の集団で歩くテント山行は初めてであったが、なかなか楽しいものだ。初めて顔を合わせた人も、何日間も一緒に歩くうちにしだいにうちとけてくる。お互いに残り少なくなった行動食を分け合いながらポツポツ話し出すと、「昔は魚釣りに夢中で、ずいぶんいろいろな沢に入ってたんですよ」と意外な事実が飛び出したり、少年から今年はアフリカに自転車冒険旅行に出かけることを聞かされたり、と改めてお互いを見直すことができる。酒を一滴も飲めない青年は、コンデンスミルクのチューブをチューチュー吸いながら、フリークライミングのおもしろさについて、少年と話をしている。

「ザイルの使い方教えてあげるから電話しなよね」と、住所と電話番号を書いた紙きれを渡していた。外は強い雨が降りつづいていたが、テントの中はいたって平和な気分だ。

「明日も雨だな」じっとラジオに耳をあてていたリーダーはそうつぶやいてスイッチを消した。その夜は雨の音を聞きながら眼をとじた。

トムラウシの山頂へはテント場から三十分ほどで往復できたが、雨のため視界はほとんどなかった。

あとは五時間ほど下ればトムラウシ温泉である。ゆったり手足を伸ばし、長かった山旅の思い出話に花を咲かせるだけだ。ここまでなんの事故もトラブルもなく頂上に立てたことに感謝し、雨のトムラウシ山をあとにするのだった。私は少年に「おもしろかったかい」と樹林帯を下っていく背後から声をかけると「オレすごい冒険しましたよ」と笑顔が返ってきた。縦走の疲れと、雨で滑る足元に、私は「もう少し」と自分に気合を入れ、慎重に歩いて行った。トムラウシ温泉の山荘の屋根が見えてきて、長く楽しかった山旅は終わりを告げた。

兄が教えてくれた甘いミルク〈川苔山〉

初めて本格的ともいえる登山をしたのは、小学校六年のときの川苔山であった。高校に入学した兄に夏休みに入った日に連れていってもらった。

兄は高校入学のお祝いとして父から革の登山靴を買ってもらい、仲間と夏休みに北アルプスに行くことを楽しみにしていた。そのアルプスの長い縦走のトレーニングとして、私を奥多摩に誘ったのだ。

遠足に行くときと変わらない姿をした私は、早朝、眠い眼をこすりながら兄と家を出た。立川駅で青梅線に乗り換えると、たくさんのハイカーで混んでいた。私のような小学生も両親に連れられて何人かいた。電車の窓から見える山が近づくにつれ、なんだかひとり興奮してきた。兄はじっと腕を組み、時々思い出したように、やはり入学祝いの時計を見ていた。

やがて奥多摩駅に着くと、色とりどりの格好をした登山客は駅前の広場に散っていった。バス停の前では、すでに鈴なりの人がしきりに地図を眺め、大声で話し合っては、誰もが楽しそうな表情をしていた。山といえば、学校の遠足で高尾山《たかおさん》しか登ったことがなかった。これから登る川苔山についての知識は何ひとつなく、いささか不安であった。バスが来るまで道路のはじのベンチに腰を下ろし、駅前で売られているおみやげ品を眺めていた。

東日原《ひがしにっぱら》行きのバスに乗り、川乗橋《かわのりばし》で下車すると、川沿いの長い林道歩きから山登りが始まった。途中で、目のさめるようなヤマユリに手を出そうとすると、兄から「花にさわってはダメだ」と注意を受けた。登山道はしばらくの間は流れの近くを行くが、三度ほど沢を渡ったのち、山腹の急坂を登るのである。休まずにゆっくりと歩くことが、山登りのコツだと兄は口にするのだが、小学生の私にはその足運びがわからず、急いで登っては膝に手をおき荒い息をつくのであった。山に登りながら、兄は夏の合宿で北アルプスに行くんだと、眼を輝かせながら話してくれた。夏でも雪渓が残っている穂高は日本一険しい山だと言った。自分の体重ほどの荷を背負って、一週間ほど山でテントを張るのだそうだ。この一年間、兄は高校受験のため机にかじりついていたので、これから自由に山に行けることをとても喜んでいた。

やがて川の上流へ進むと、大きな滝が出てきた。奥多摩でも屈指の名瀑《めいばく》、百尋《ひゃくひろ》ノ滝《たき》である。私は水しぶきが飛んでくるのもかまわず、口を開けて雄大なスケールの滝に見とれていた。山登りというと、尾根道ばかりを登るものだと思っていた私は、梯子《はしご》が出てくる沢の道を登りながら、まるで冒険旅行か探検に来たかのように、胸を躍らせるのであった。

小さな尾根に出ると、今まで登ってきた山道や山麓の小さな家が雲の間の眼下に見えてきて、よくここまで自分の細い足で登ってこられたものだと感心した。水筒につめた冷たい沢の水を口にすると元気をとりもどし、兄に遅れまいと頂上まで急いだ。

川苔山の山頂にたどり着いたのは、お昼をまわったころであった。奥多摩の峰々が折り重なり、そこにはおだやかな風景が広がっていた。富士山が絵に描いたようにドンと座っていた。兄は母がつくってくれたおにぎりの包みを広げ、白い石けんのような固形燃料に火をつけお茶を沸かしはじめた。小さな炎が風に揺られながら燃えて、しばらくするとお湯が沸いた。私がその不思議な燃料をじっと見つめていると、兄は「これは山で遭難したときに助けてくれる大事なものなんだ」と得意そうに笑った。そして砂糖のたっぷり入ったお湯に、ミルクの粉を入れた。かりん糖と一緒に甘いミルクを口にしながら、私はなんだかとても心の落ち着いたときを過ごしているようで

あった。あたたかな陽を浴び、兄はゴロリと草の上にあおむけになり、腕まくりして小さな声で山の歌を口ずさんでいた。
十人ほどの登山客も頂上では誰もがやけに明るい顔をしていた。あたりの展望に見とれている人もいれば、肩を組んで体をゆすり、歌をうたっているグループもいた。
「そろそろ出発しようか」
兄は広げた地図を折りたたんで赤いザックの中にしまい、ハンチングを二、三度たたいてから、体を起こした。山の下りは速い。知らず知らずのうちに、どんどん山の高度を下げていく。平凡な尾根や植林の中を少しも休まずに下っていく。足が痛くなりはじめたとき、里道に着いていた。一三六三メートルの川苔山を振り返ると、すでに雲の中に消えていた。兄は何度も振り返りながら、「山は大きいなあ」とつぶやくように言った。

山頂の豪華サンドイッチ〈高水三山〉

休日の立川駅は、山にはまだ雪が残っているというのに、たくさんの中高年の登山客でにぎわっていた。色とりどりの服装をしたハイカーがグループごとに、久しぶりに会う仲間と手をとりあわんばかりに語り合っている。これから一時間ほど電車に揺られ、奥多摩、あるいは高尾山にでも行くのだろうか。どの人も明るい幸せそうな表情で輝いている。

私は約束の二十分前に駅に着き、朝食用のサンドイッチをかじりながら、待ち合わせ場所の青梅線のホームに下りていった。すでにふたりは待っていた。この春に中学を卒業する息子も一緒に来るはずだったのだが、生意気にも「日帰りの山登りはあわただしいからイヤだ」と朝になって言いだしたので家においてきた。

ヒゲをはやした三島悟は、ツバの広いテンガロンハットをななめにずらし、眼が合うと「やあ」と言ってニヤリとした。彼と仕事の関係で打ち合わせをするときは、いつもきまって都内の居酒屋である。そして最後は泥酔状態におちいり、くずれるようにして別れるのだった。離婚の経験があるだけに、ものの考え方に腰がすわっており、何事にも動じないところが頼もしい。

もうひとりの若い女性の画家とは、二年ほど前、偶然に燕岳で会った。母親の影響からか、低山歩きはずいぶんしてきたらしく、おしゃれな山慣れした服装をしている。チェックの帽子の下から眼がいたずらっぽく笑っていた。

多摩川をはさんで御岳山と相対する位置にある高水山《たかみずやま》、岩茸石山《いわたけいしやま》、惣岳山《そうがくさん》を高水三山と呼んでいる。山の上に寺院と古社が残っていて、奥多摩のハイキング入門コースとして人気がある。しかし三人とも高水三山は初めてなので、どんなコースなのかと、電車の中でガイドブックを熱心に見ている。私はこのところひどい老眼になってしまったから、車窓の風景に見とれている。まさか自分が老眼になるとは思っていなかったので、一瞬のうちに細かい字がぼやけるようになったときはあわてた。五万分ノ一地形図など、老眼鏡がないとほとんどお手あげである。すすんだのは眼だけではなく、アルコール依存度もぐっとすすんだ。四十代の後半になってくると、それまでの酒びたりの生活から、簡単には足を洗えない。

青梅線の軍畑《いくさばた》駅に降りると、日用雑貨屋がポツンと一軒あり、登山客の何人かはそこでジュースなど買ったりしていた。テンガロンハットのヒゲ男はタバコ屋を探していたが見つからず、「まあいいか」と踏切を渡って歩きだした。ヘビースモーカーの彼から山でタバコをねだられたことが何度かあったので、私は自分のザックに買いおきのタバコがあったけれど黙っていた。私の背中の荷物は軽い。日帰りの奥多摩だったら、特別なものは何も持っていかない。せいぜい暗くなったときのためのヘッドランプぐらいである。あとは雨具とセーターで充分なのに、ヒゲの編集者のザックはなにやら重そうである。自分から誘ったからと、昼食用の食料でもあれこれつめ込んできたのだろう。

平溝川《ひらみぞがわ》沿いの車道をぶらぶらと歩いていく。駅からタクシーやバスを乗りついでの山登りは、案外わずらわしいものだ。まして日帰りの山は、駅がスタート地点であるのがなにより。

大きな製材所の横を通り、その先で榎峠《えのき》、成木《なりき》への道を右へ見送り、里の道はゆるやかな登りになっていく。あたりには梅の花が咲き、雰囲気のよい山村が広がっている。何年ぶりかで会う彼女とは、前に絵のことでもめたことがあるが、それも遠い昔のことである。あれはやはり酩酊していたとき、彼女の描く素朴なアメリカンタッチの絵に文句をつけたのだ。酔った勢いで他人の絵にあれこれ勝手なことを口にしたことを、その後ずっと後悔と反省をしていたのだ……。最新式の小型カメラをかまえ後ろを振り向くと、彼女はおどけて片足を上げた。

ひっそりとした集落の中の高源寺《こうげんじ》の脇からマス釣り場を過ぎると、細い登山道になる。ひと汗かき、そこで休憩する。

「あの、タバコ」

案の定ヒゲがタバコをねだってきた。無視していると、さかんに口もとにタバコをくわえる仕草をして見せる。

「タバコは体に悪いよ」

私がきわめておいしそうに煙をはき、植林の杉林に見とれていると、じれったそうに手を出す。一本渡すと「おたく、このごろ温泉にこっているんだってねえ」と言った。

「温泉ねえ、ヒザの靭帯《じんたい》をいためたから、静養に行っているんだ」と適当に嘘をつく。

たしかに秋から冬にかけて毎週のように、都内から一、二時間で行ける、たとえば中央線沿線の名もない鉱泉をほっつき歩いていた。鉱泉宿で地酒を飲み、宿泊することもあった。

沢に沿って急坂を登っていく。最後の水場で親子連れのハイカーが水筒に水を補給している。幼稚園に入る前くらいのまだ足もとのおぼつかない子を父親は肩車して登っていく。細い山道には指導標が立っており、頂上の近くに常福院《じょうふくいん》があるからか、やけにうがった文句が刻んである。そのひとつには「人生はこの山道のごとく、苦しくてまた楽し」とある。私は鼻でせせら笑い「人生はこの山道のごとく、楽しくてまた楽なり」とつぶやいた。

信仰のために昔はずいぶんにぎわった山なのだろう。

杉の植林帯を歩く山道ほどつまらないものはない。暗いだけで展望もなく、味けない。奥多摩の山々から杉林がなくなり、昔の雑木林か自然林にもどったら、どんなに山が豊かで心躍るものだろうか、と思う。

背中に汗をかくころ尾根道に出た。「やれやれ」と声をかけあい、高水山常福院の山門をくぐり、ザックを下ろす。正面の本堂には浪切白不動尊《なみきりしら》が祀ってある。鎌倉時代の武将、秩父庄司畠山重忠《しょうじはたけやましげただ》がこの寺に銀の玉を奉納したといわれる。私は寺の入口に据えおかれた狛犬《こまいぬ》をカメラにおさめた。魔除けというわりには犬の顔があまりにかわいらしいので笑ってしまった。狛犬とは高麗犬《こまいぬ》の意と知り、納得する。

お腹が空いてきたので食事にしたいところだが、抹香臭い寺の境内で食べるのもつまらないと思い、次なる岩茸石山へ行くことにした。せっかく登った電波中継施設があるピークをあとに下り、「もう一歩、あと一歩」と息をついて登ったところが、標高七九三メートルの岩茸石山頂である。飯能《はんのう》市の町が広がり、奥多摩の峰々が春霞の中で墨を流したように見える。ふたりとも満足そうに汗をふいている。彼女は地図を広げ棒《ぼう》ノ折山《おれやま》周辺を指さし、なにやらぶつぶつひとりごとをつぶやいている。駅から前後しながら登ってきた登山者も足を投げ出し、みんな昼食をとっている。

さて、ヒゲ男の重そうなザックから何が飛び出してくるのだろうか。私が持参した軽食を取り出していると、ドンとコーヒーミルが投げ出された。続いてチーズ、ハム、マヨネーズ、タマネギ、キュウリ、セロリ、そしてパンと、サンドイッチの材料が次々と飛び出してきた。

「ワーイ」

あたり一面に広がった食べ物に、彼女は少女のように手をたたき喜んでいる。テルモスの熱いお茶をひと口飲んでから、カフェオレでカンパイする。霞たなびく御岳山を見ながら、ランチタイムとする。喜々とした表情で彼女は小さなスケッチブックを取り出し、エンピツをしきりに走らせている。

「どんな頂きにも安らぎがある」と書いた登山家がいたが、山頂の広場は風もなく、私たちはおだやかな春の陽を浴び、静かな幸せな時間を過ごした。隣ではヒゲ男がなんとタイ風のスープまで沸かしてくれている。私は小鳥のさえずりを聞きながら、ただぼんやりと山なみを見つめていた。

毎日乗っている通勤電車を逆にたどれば、雑踏と喧騒の都会から、わずか一、二時間で山に行けるのだ。そして駅からゆっくり登っても、昼には頂上に着いてしまう。装備や携行品といったものは、深く考えることはない。いつもの履き慣れた登山靴を履いて、近くの公園に出かけるように気軽に山に行けばいいのだ。

ふと視線をずらすと、隣にいた単独行の若い人の服装がこの山の雰囲気とかけはなれているので、思わず笑ってしまう。登山道具店のショーウィンドウからそのまま飛び出してきたような、ハデな冬山用のスタイルなのだ。ケバケバしいゴアテックスの上下は雪山に映えるが、高水三山ではなんだか滑稽である。さらに蛍光色でふちどられたサングラスがなんとも頼もしい。

そういえば、このごろは山に来ても、バードウォッチングより、人を見ているほうがおもしろいことに気がついた。時々とんでもない人が山に登ってくるから、楽しくてしかたがない。きわめつけの山はなんと言っても高尾山である。レインコートに革靴のおじさんから、北アルプス縦走スタイルの本格派までと、見ていてあきることはない。頂上でやたらにハナをかむ人や、生意気そうにタバコを吸う高校生のアベック。酔っぱらって寝ころがっているおじさん。歌をうたっているというよりガナっているおばさんグループと、高尾山は野鳥や植物よりオカシナ登山客の宝庫でもある。

食事が終わり体も冷えてきたので、岩茸石山から惣岳山へ向かうことにする。露岩のごつごつした急斜面を下りていく。右膝の靭帯をいためているので、下りは特に慎重にゆっくり足を下ろすことに気をつけている。急激な運動をすると、翌日とたんに膝がふくれあがるのだ。稜線の道には杉の樹木がびっしり生えて、展望はまるでない。

ろしている。

イノシシ狩りのハンターなのか、トランシーバーを肩に犬を二匹連れて切株に腰を下ろしている。

「いやねえ。こんな人の多い山で鉄砲を担いで」

彼女はマユをくもらせつぶやいた。一月に雲取山で見たハンターと同じく、まだ若い青年である。どうも仲間同士で交信しているらしく、常に谷間から無線の連絡が入っている。無線で追いつめていくのではイノシシも逃げようがない。イノシシの被害も多いと聞くが、鉄砲の人身事故も多い。人の多い登山道で焚火を囲みじっと座ってイノシシを待っているハンター姿は、どうにももの悲しい感じがしてならない。

鎖のある急坂を登ると惣岳山の静かな山頂に到着する。青渭《あおい》神社があり、大きな樹木に囲まれ静寂感がある。三人ともいささか疲れたのか口数も少なく、腰を下ろし汗をふいている。

御嶽《みたけ》駅までの下山路は尾根をまっしぐらに下る。杉林をなおも下っていくと、眼下に多摩川のゆるやかな流れが見えてくる。山里を見ながら下っていくときの気持ちはなんとも言えない。喉が渇いてきたから下山後のビールが待ちどおしい。こういうときの気分を鼻歌まじりの気分というのだろうか。なんとなくでたらめな歌をうたっている。青梅線と町なみが見えてきた。高圧線の巨大な鉄塔の鞍部で一服つけることにした。高圧線の太い電線はどうやって張るのだろうと三人であれこれ話をする。山の中腹から町なみを見下ろすと、鳥になったような気分である。マッチの先のような小さな赤い車がゆっくり動いている。

息子がいま熱中しているパラグライダーは、こんな高いところを飛ぶのだろうか？　昼間は登山道具店で働くと決めた息子が、中学を卒業して春から定時制の高校に入り、昼間は登山道具店で働くと決めた息子が、なんだか不憫《ふびん》でしかたがなかった。学力が劣っているとはいえ、昼間の高校に入り、好きな山に登り、ゆっくり勉強したらいいと思ったが、だらしのない生活をしている親としてはそれ以上何も言えなかった。

「お父さん、これからアルバイトしてパラグライダーの機体を買うんだ。高いんだよ」

不意に元気のいい息子の声が遠くの方から聞こえた。御岳の町なみを見つめタバコをくゆらせていると、「下でビールおごるから」とヒゲが例のごとくタバコをせがんできた。

三日前に今度の休日に奥多摩に行こうと決めた三人は、それぞれ忙しい仕事を持っているけれど、みんな自由に暮らしている。山にも行けないような人生や生活はつまらないと思っているのである。

絵を描くときの参考にとカメラで眼下の町を一枚写す。まっすぐな山道を進み、小さな頭を越えると御岳の町はすぐ下だ。

「いい山だったね」

ヒゲの明るい声に彼女は「いのちの洗濯ができました」と深くうなずく。晴天に恵まれたのもさることながら、四時間ほどの足慣らし程度の山が私の今の体力にちょうど合っていた。

青梅線の線路を渡り、名物の蕎麦処、玉川屋《たまがわや》のノレンをくぐると、店は下山後の登山客でごったがえしていた。どうしようかと迷っていると、ヒゲがものともせず三人の席を確保して手招きした。ビールを頼んだのはいいが、蕎麦を待つこと待つこと。近くをあわただしく働き回る若い娘に「あの、まだですか」と彼女はおずおずと何度かたずね、あきらめたころに蕎麦と日本酒が何本か届いた。待っただけに味は格別で「これはあとを引きそうだ」と私はもう二枚頼んだ。

予定していた五時の電車には、まだだいぶ時間がある。日本酒を続けて何本か頼み、ヒゲと私はすっかりできあがってしまい、いつものようにおぼつかない足どりで御嶽駅までふらふらしながら歩いていった。

焼き肉と日本酒で酒盛り〈西丹沢〉

秋の休日、早朝の小田急線は丹沢の山登りに行くハイカーで混雑していた。私と息子は山仲間との待ち合わせ場所の新松田《しんまつだ》駅まで、電車の窓から丹沢の山なみに見とれていた。高校生の息子はここにきて背がぐっと伸び、そのうえ足の大きさはすでに親父を追いこしている。

八時の集合にわれわれ中年登山隊の六人は集まっていたが、ヒゲの三島悟は前夜に飲みすぎたのか、まだ姿を見せない。しばらくすると駅の改札口からリーダーへのアナウンスがあった。係員にたずねると、ヒゲからの連絡が入っており「先に行ってくれ」ということだった。われわれは西丹沢自然教室前行きのバスに乗り込んだが、ヒゲはタクシーで飛ばしてくるのだろう。バスの中は中高年の登山者であふれ、座る席もない。ザックを床におき、バスの終点まで揺られていく。

バスが終点に着くと、噂のヒゲを乗せたタクシーが五分とたたないうちに追いついてきた。彼はテンガロンハットをななめにかぶり、「朝っぱらから八千円損しちゃったよ」とニヤニヤ笑っていた。

売店の横の建物で水を補給しようとすると、近くにいた作業服を着たおじさんから「水なら沢の水のほうがおいしいよ」と言われ、一同深くうなずく。紅葉に染まった畦ヶ丸《あぜがまる》(一二九三メートル)めざして出発する。風もなく、前日とはうってかわって晴れあがり、申し分のない登山日和である。吊橋を渡り、河原沿いの登山道を歩く。力強く口笛を吹きながら白髪の佐藤秀明カメラマンが登っていき、ヒゲの同僚の編集者ふたりは、まだ遅刻の原因について討論を繰り返している。息子は大人たちに交じって、無口に先頭を走るように進んでいく。

休日にしては登山者とほとんど出会わず、静かな山である。狭い沢づたいに、山道が指導標どおりに続いている。所々に丸太の小さな橋がかかっており、その橋を渡るときだけ、いささか緊張する。

茅《かや》で覆われた尾根道の休息所で一服つけることにした。ふだんは口にしない甘いチョコレートや大福が、疲れた体にひどくおいしい。山で汗をかくと、味覚がいちだんとさえてくるのか、ミカンひとつにしてもため息をつきたくなるいとおしさである。

息子は我々からポツンと離れ、遠くに見える山なみに見とれている。夏に北アルプスを一緒に縦走したときの大蔵リーダーに軽い挨拶をしたきり、黙りこくって歩いている。あの年齢の少年は、毎日何を考えて過ごしているのだろう。ぼんやりと空に浮かぶ白い雲のように、とりとめもなく日々が過ぎていくのだろうか。

左手に、めざす畦ヶ丸らしき雰囲気の山が見えてきた。山道は左へゆるく巻いており、やがてコルに出る。一時間も登れば、昼過ぎには頂上に立てるが、朝早く家を出てきたので、お腹が減ってしかたがない。ザックの中には竹のカゴに大きなおにぎりが六個入っているので、先頭を行く息子に声をかけ、ふたりでザックを背に立ったまま食べる。山で食べるものは本当になんでもおいしいが、おにぎりはまた格別である。息子もしきりにうなずきながらパクついている。ふだんなら残してしまうタクアンも食べている。「おいしいねえ」と、ここで初めて親と子は笑った。仲間の連中は写真を撮っているのか、ゆっくりしたペースである。夏だと灌木がうるさい尾根も、今は葉が落ちて、西丹沢山塊の展望が美しい。

息子は家で飼っている犬のことが心配らしく、「どうしているかなあ」と言った。数日前に自動車にはねられたのである。前脚をくじいたぐらいで心配することはないのだが、犬は退院後もすっかり元気がなくなり、いつも玄関の横で丸くなって寝ているのだ。夏に八ヶ岳の中腹まで犬と一緒に登ったことがあるので、息子は今回も犬を連れてきたかったのだろう。

「また山に来れるといいのにね」

「大丈夫だよ。今度連れてこよう」

急坂を登りつめると、三等三角点がおかれた畦ヶ丸の頂上にやっと着いた。コンクリートで固められたケルンの横にザックをおき、息子と記念写真を撮る。そして避難小屋の横で、紅茶を沸かす準備を始めた。周囲の展望は得られないが、あたたかな午後の陽ざしが心地よい。真っ白に雪をかぶった富士山が、重畳とした山なみの奥にそびえている。しばらくすると汗びっしょりになった仲間が、歓声をあげてやってきた。リーダーの大きなザックからは、なんと焼き肉セットの道具が出てきた。コンロの上に鉄板をおき、豪快な昼食が始まる。

日本酒のパックがドンとおかれ、頂上で酒盛りということになった。焼き肉にめがない息子は、じっと鉄板を見つめている。今夜は中川《なかがわ》温泉で一泊するので、あわてて下山することはない。ゆるゆると食事をしながら、大きなブナの紅葉に見とれる。気の合った山仲間との登山ほど、心躍るものはない。

火の始末をしてからゴミを片づけ、また息子を先頭に山を下りていく。カメラマンからふたたび力強い口笛がなる。秋の山は暮れていくのが驚くほど早い。道志の山には、すでに陽がかたむきはじめていた。

体にしみ込む白湯〈西穂高〉

このところ山といえば、低山を中心に、紅葉やいで湯、お月見、探鳥をテーマに比較的やさしい山歩きが多かった。冬もトレースがバッチリついた八ヶ岳の赤岳一辺倒であった。

たまには気を引きしめて冬の西穂高をめざそうということになり、いつもの中年の山仲間と東京駅で集合することになった。メンバーは大蔵喜福隊長に編集者の森田洋《もりたひろし》、そして穂高連峰を撮らしたらこの人にはかなわないといわれるカメラマンの内田修《うちだおさむ》。それぞれが大きなザックを背に現れた。

新幹線で名古屋《なご や》まで行き、高山《たかやま》本線に乗り換え高山下車、バスで中尾《なかお》温泉までと、おじさん四人組はあわただしく移動し、その日のうちにペンションに宿をとる。

ここの露天風呂はまことに気分がよく、われわれは夕暮れの錫状岳《しゃくじょうだけ》を眺めながら、

「ハア」などとため息をつき都会のアカを落とすのであった。湯につかりすぎたのか、食事が終わると、やにわに睡魔に引き込まれ、ひとり先にベッドにもぐり込む。横では大蔵が、八ミリ五〇メートルのザイルなど、登山装備のチェック、点検に余念がない。

朝は七時に出発。ロープウェーの始発に乗り、この日は西穂《にしほ》山荘経由で西穂高岳頂上に立ち、山荘に泊まる予定になっている。ロープウェーが上がるにつれて笠《かさが》ヶ岳《たけ》、焼岳《やけだけ》、乗鞍岳《のりくらだけ》、西穂から奥穂、槍ヶ岳が、雪をかぶった屏風のごとく立ち上がってくる。

終点の西穂高口駅を一歩出ると、小雪が風に舞って別世界だ。

西穂高岳は穂高連峰の中で最も短時間で頂上に立てる登りやすい山で、冬山ビギナーにとって人気のあるコースである。しかし、それも経験豊富なリーダーが同行して初めて可能になる。独標より先は険しい岩と雪のやせた尾根が待っており、転倒滑落すれば生死にかかわる。

赤布などの目印とトレースの跡をたどって山荘に着く。頂上へのスタートは天候の関係でいくらか時間を遅くして、昼前になった。独標までの緩傾斜帯は、強い風にさらされ緊張したが、技術的にはなんの心配もなくアイゼンの音をキシませながら進む。

眼下には雪におおわれた上高地が墨絵のように広がり、帝国ホテルの赤い屋根がポツンと目立った。

独標ノ頭で休憩となった。サングラスをとると雪面がまぶしい。テルモスの温かく甘い紅茶が、冷えた体にたとえようもなくおいしく、ひと口飲むたびに「うまい」を連発する。これから始まる急峻な岩稜帯に備えて、大蔵隊長はザイルを取り出す。ふだんはダジャレばかりの森田洋はなぜか寡黙で、腕を組みピラミッドピークのあたりをじっとにらんでいる。

私がザイルの真ん中に入り、登行が始まる。いきなり左右がバッサリと切れ落ちているので、高度感に圧倒されピッケルを突く手に緊張感が走る。足さばきも慎重になる。トップの隊長はさすがというべき確実なアイゼンとピッケルで足元を固め登っていく。そして経験豊富なふたりも後ろから安定した足どりでついてくる。やせた稜線に終始する西穂頂上までの登行は、一度悪天候にみまわれると逃げ場がまったくないので、スピードイコール安全ということになる。

ピラミッドピークにて小休止、風が相当に寒い。ここからも油断できない雪稜が続くので漫然とは行動できないし、絶対にスリップは許されない。私にとっては久しぶりの緊張する山だ。

相変わらずやせ尾根が続き、いくつかのピークの登降を性根をいれてがんばる。独標から西穂の間には大小十三のピークがあるといわれるが、振り返るとすでに独標が遠い彼方にある。頂上直下の急斜面におののきながら登りつめると、雲間からチラリと奥穂高の山容が眼に飛び込んできた。祠《ほこら》のある西穂高岳山頂であった。

「やった。やった」と私は少年のように歓声をあげ、森田洋と握手を交わす。内田修はカメラを二台も首から垂らし「どうもどうも」という言葉とともにひょっこり上がってきた。ガスに囲まれ展望は今ひとつだが、奥穂に続く間《あい》ノ岳《だけ》の岩壁がゴジラの背のように醜怪な山容を見せていた。隊長は妙なタスキをザックから取り出し私にかけろと言う。なんだかへんてこりんな気持ちで記念写真を撮る。彼の事務所から持ってきたタスキには「よっ日本一」と大書きされていた。久々に手応えのある山登りで静かな感動がやってきた。頂上周辺は雲の流れが速く、瞬時に景色が見え隠れする。キョロキョロしながらつかの間の展望を楽しむ。

内田修のテルモスから白湯をひと口もらう。彼はいつも白湯を持つことに決めているそうだ。ほかのものを入れると残り香が気になるらしい。たしかにシンプルな白湯のほうが素朴な味があっていい。体にしみ込んで隅々までいき渡る心地がする。

二十分ほどの小休止で腰を上げた。下りはさらに緊張の連続だ。ピッケルのシャフトでアイゼンに付着した雪を払いながらゆっくりと下りはじめる。振り返ると、頂上はもう白いベールに包まれていた。独標が見えてくるにつれて、高度がグングン下がって体が温かくなってくる。小さな手帳を取り出しサッとスケッチをしてから、登りに苦労した悪場をなんなく越えていく。独標まで意外に近く、快適な広い尾根を下って西穂山荘に着いたのは夕方だった。

西穂山荘の若者たちが作る夕食は実に気がきいていておいしい。この時口にした九州の高菜漬はことのほかうまかった。四人はストーブの火を見つめ、冬山の魅力をボソボソと語りながらビールで喉をうるおした。あすは新平湯《しんひらゆ》の旅館「山河」に寄って、ゆったりと湯につかって帰ろうとみんなで決める。

厳しいが楽しかった西穂高岳に感謝しながら布団に入る。静かに眼をつむり小屋の冷気をひと息吸い込むと、疲れがどっと押し寄せてきた。

ホテル並みの朝食〈飯豊連峰〉

郡山《こおりやま》から磐越西《ばんえつさい》線に乗り、会津《あいづ》若松《わかまつ》で乗り換え、山都《やまと》駅に降りたのは午後をだいぶまわっていた。ここからバスに乗り、飯豊鉱泉のある川入《かわいり》まで入るのだが、すでにバスの運行は終わっており、タクシーに頼るしかない。だが駅前にはザックを背にした登山客がずらりと並び、一時間ほど駅前で時間をつぶすより方法がなかった。

私は山に持っていくタバコを買うために、駅前の雑貨屋に入り、四箱ほどビニール袋に包んでもらった。なにげなくあたりを見渡したら、店の奥にムギワラ帽子があるのが目についた。だいぶ時間がたっているのか、色がやけていた。

「去年のだから、半分の二百円でいいよ」と、前掛けをした店のおばさんはムギワラ帽子をポンポンとたたいた。ガラスのケースの上にあった小さな鏡で、小ぶりの帽子をかぶって見ていると、「お客さんにはこっちのほうが似合うんじゃない」と、畑仕事でかぶるゴッツイやつを持ってきた。「これも二百円？」とたずねると、「ああ、いいよ」と言ってから「これから山かい」と笑った。そのムギワラ帽子をかぶって外に出ようとしたら、「ラジオで明日から天気がよくなるって言ってたよ」とおばさんが声をかけてくれた。

七月の下旬まで梅雨が明けず、東京でも好天の日は数えるほどしかなかった。飯豊連峰の縦走に出かけたのは、天気図とにらめっこをするまだ不安定な八月の初旬であった。店を出て空を見上げると、ドンヨリと黒い雲が重なりあい、おばさんが言うように明日から天気が回復するとは思えなかった。

われわれを乗せたタクシーは飯豊祠遥拝《ようはい》所を通り、わらぶき屋根の続く川入の民宿に着いた。今回のメンバーは、五十歳に手が届きそうな三人の中年おじさんに、青年という言葉がピッタリの彫刻家と、もの静かな女性の五人組である。昔ながらの広い民宿の部屋で荷物の整理をしていると、雨でずぶ濡れになった大学生のグループがザックにテントをくくりつけ、うなだれつつ歩いているのが縁側から見えた。その夜は雨の音を聞きながら、明日の天候の心配やらコースの魅力について話していたら酒がついつい すすみ、十一時になってしまった。

飯豊山への登山には、福島県側の川入からが一般的である。飯豊の山歩きの醍醐味はなだらかな稜線歩きと、豊富な残雪、高山植物の群落に出会えることである。しかし、無人の山小屋が多く、ザックも重くなるので、日帰りのハイキングという気軽さでは山に入れない。

川入の集落を朝六時に出発する。橋を渡って大白布沢《おおしらぶさわ》沿いの林道を歩いていく。全員アノラックをかぶり、時々うらめしそうに空を見上げるが、こぬか雨は一日続きそうである。三十分ほどで登山道起点の御沢《おさわ》野営場に着く。車で乗りつけた登山者が、出発前のあわただしい準備にいそしんでいる。ブナ林の下で雨をよけながら、われわれも、もう一度ザックのパッキングをしなおすことにする。

将来は彫刻家として暮らしたいのだが、とりあえず今のところは無職という青年のザックから、キャベツが一個ゴロリと出てきた。わがパーティ唯一の女性、水町清美《みずまちきよみ》さんのテントが重いというので、自分のザックにキャベツとともに入れなおしている。頼もしい、ヒマラヤのシェルパのような青年である。大きなキャベツは私が食べたいがために、会津若松の駅前スーパーで買ったのだ。ところがどうやっても自分のザックに入らず困っているときに、彼が黙って手を出してくれたのだ。内藤君というのだが、われわれはさっそくシェルパ内藤とあだ名で呼ぶことにした。彼の年上の友達がヒゲの編集者の三ちゃんこと三島悟である。三ちゃんは「久しぶりにテントを担いだ

けど、軽い荷物だね」と余裕を見せ、ザックをユサユサゆすっている。大学山岳部出身で、残雪期にスキーを担ぎ飯豊連峰を堪能したという三ちゃんの会社の重役である重《じゅう》さんこと節田重節《せつだじゅうせつ》は、「ゆっくり体をしごいていきますか」と、大きな体に不釣合いな小さな傘を取り出して歩きはじめた。

ブナ林の中に入っていくと、ひんやりとした空気がたちこめていた。ここからテント場のある切合《きりあわせ》小屋まで六時間コース。初日で荷も重く、じっとガマンの登山となる。ブナ林からさかんに鳥のさえずりが聞こえる。鳥が鳴くと天気が回復するというが、本当だろうか。

「あの声はなんの鳥ですかね」と、並んで歩くヒゲ面の男が、私を試すように聞いてきた。鳥のことを知りたくて「日本野鳥の会」に入った私だったが、「さあ」とつれない返事しかできない。ヒーホーと口笛のようにさびしい声を出している。もしかしたらトラツグミかもしれないとチラリと考えるが、確信はない。

小型の双眼鏡と登山のときに便利な薄い鳥の図鑑を持ってきたが、汗だくの体でそれを取り出す元気はない。コゲラのギィーッという声がさかんに聞こえる。コゲラは鳴き方と、木の幹を逆さになって下りるところに特徴がある。

「ゴジュウカラという鳥、知ってる？」と、隣を歩く仲間に言う。

ハクサンコザクラ

「知らんな。五十肩ならオレのことだけど」

　つまらない冗談を言いながら、黄色い声をあげている中年のおばさんのグループを追い抜いていく。長雨のため山道はどこまでもぬかるんだ泥んこ道が続き、ズボンの膝のあたりまで真っ黒に汚れてしまう。とりわけヒゲ男は白いズボンをはいてきたため、ひどい汚れ方である。

　太いブナの木から水を吸った葉が大きく揺れている。ひんやりした木かげ道を抜け出るが、雨はまだやみそうにない。ゴアテックスのカッパを着ているので昔のようなムレはないが、雨と汗でザックの背はぐっしょりと濡れている。

　この道は古い登拝《とうはい》路のためか、昔は夏

のみ開設の組立式の小屋があったが、今はかすかにその跡が残されているのみである。ザックを下ろしたときに、私は草むらに江戸時代の穴あきの古銭を見つけた。宗教登山がさかんだった昔、登拝に来た人間が落とした古銭であろう。縁起をかつぐわけではないが、幸先《さいさき》のよいスタートである。

地蔵《じぞう》小屋跡を過ぎると、やっと体が山になれてきたのか、あたりの景色を眺める余裕が出てきた。マラソン選手に聞いた話だが、一心不乱に走っているときが、いちばんリズムに乗れて楽なのだそうだ。あたりの景色が目に入ると、疲れが急に増すらしい。足もとの少し前を見つめ、ただ無心になって足を出しているときが快調のときで、道路脇の声援や風景が耳や目に入ってきたときはとたんに体が重くなると言っていた。

これは山登りも同じことで、バカらしいと言われようが、自分の山靴だけを見つめながら、体がなれるまでは牛のように一歩一歩あるくしかない。山登りが好きになるかキライになるかは、この単調な運動にガマンできるかどうかである。ひたすら無心になって山道を登る行為は、その点ではマラソンに似てないこともない。

そういえば大阪にいる姉の息子の趣味がマラソンだった。選手でもないのに雨の日でも毎日走っていたらしい。当時は大学をめざす予備校生だったのだが、姉に言わせるとほとんど勉強はせず、熱心なのは一日二、三時間走るマラソンだけなのだと怒っていた。それも朝晩欠かさず、ひたすら走っていたらしい。早朝と夕方走る以外は家でゴロゴロしているという。走る時間を学業にさけと、母親である姉はこぼす。私が「いい子じゃないか」と言うと、姉は「大事なときに走ってばかりいて」と憤慨していた。

少年時代は走ることや山登りに夢中になる時期があるものだ。姉の息子は度の強いメガネをかけたおとなしい子である。雨の日でもなにやら真剣な顔をして走っている姿を想像してみた。あれから何年かたつが、今でも彼は走っているのだろうか……。

雨で濡れた岩尾根に鎖がかけられていたが、緊張することなく通過できた。テントの縦走が初めての水町さんの登りが気になり、一息つけていると、色あざやかなカッパを着た彼女がベテランの重さんやシェルパ内藤と一緒に登ってくるのが見えた。三国《みくに》小屋にて早めの昼食とする。川入の民宿でつくってもらった大きなおにぎりとおしんこ、ストーブで温めたオイルサーディンにおしょう油ひとたらしというメニュー。

登山での楽しみは食べることにつきる。といって何でも持っていけるわけがない。軽量化を基本に、いかに魅力的な食料計画を立てるかがポイントだ。今回の五人分の食料を担当したヒゲ男三ちゃんは、顔に似合わず心はやさしく、そのうえ緻密ときて

いる。行動に合わせて小さなビニール袋にひとりずつ携帯食を分けているところもさすがだが、料理もバラエティにとんでいる。食料のことをたずねると「まあ、まかせておきなさい」と、そのときがくるまで教えてくれない。

ガストーブからコーヒーの香りが香ばしくたちのぼる。小屋の奥では、雨と疲労のため気分を悪くしたのか、毛糸の帽子をかぶった女性の登山者がエビのように横になっていた。

このところの長雨のため、薄暗い小屋はカビくさく、外に新鮮な空気を吸いに出ると、やっと雨はやみ、少し空が明るくなっていた。ここから切合小屋のテントサイトまでは、ゆっくり歩いて一時間三十分の行程だ。カッパをザックの雨ブタにしまい、「もう、登りはないですよ」と言うリーダーの重さんの言葉を信用して、全員再び重いザックを背にする。残雪の合間に咲き乱れるヒメサユリに心がなごむ。稜線に出れば「こっちのものだ」と、あたりを楽しむ余裕と力が湧いてくる。

山小屋の主人に指定されたテント場は雪渓の横で、山上の楽園といった趣である。雪渓のかなたに吾妻《あづま》連峰がポッカリ浮いて見える。働きもののシェルパ内藤がテキパキとテントを張り、水汲み、食料整理に精を出しているが、おじさん三人組はどっかり腰を下ろし、ただそれを眺めているだけ。

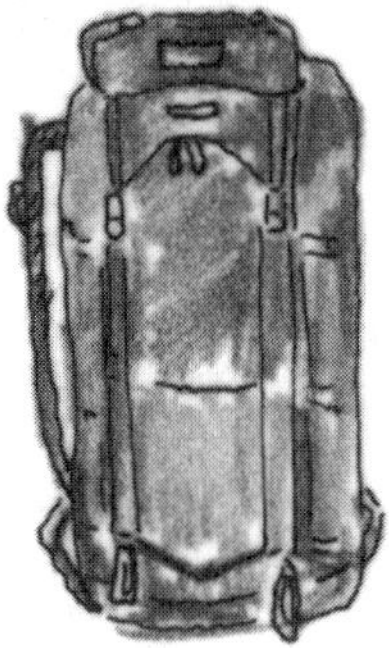

「若いうちは働かなくちゃ」

「体をおしんじゃいけませんよ」

「われわれ若いころもああでしたなあ」

と、まったく勝手なことを言いながら、すでにウイスキーを口にしている。パンにチーズ、新潟のかんずりをつけたキャベツをつまみに、だらだらと酒宴に突入する。

小さなテントが三張並ぶと楽しい夕食である。豚肉を味噌でくるんだのを、三ちゃんはニンマリしながら私の前に出し、「今夜は豚汁とキムチです」と言った。

重さんのテントの中で夕食となるが、体の大きな五人が入ると、テントが壊れそうである。

「ここまで登ってくれれば勝負は終わり。

あとは天国です」と重さんはテント内の蒸気でくもったメガネをはずし、あやしく笑う。無口な水町さんは寒いのか、ありったけの服を着て丸々としている。「テント生活はやっぱりこれだな」と私はうなずきながら、熱い豚汁をフハフハすすり、キムチを食べ、ウイスキーを飲み、忙しい。

「明日は必ず晴れる」

重さんの声はやけにはなやいでいる。町であれば祝宴はさらにエンドレスで続くのだが、山の朝は早い。ウイスキーを半分残し、おじさんたちの「もう一杯」をさえぎりお開きとする。

自分のテントにもどり、しとしとと時おり聞こえる雨音を耳にしながら、アメリカ製のこれ以上高級なものはないというほどの羽毛のシュラフに入ると、私はすぐさま寝てしまった。

まだほの暗さが残る早朝、眠い眼をこすりながらテントを開くと、まさに神々しいまでの太陽が山の間から顔を出そうとふるえていた。驚いたことに、空には雲ひとつない。私は「ヤッホー」とバカでかい声をあげ、日の出だ、日の出だと言いながら、ほかのテントをたたいて回る。

昨日までの雨が嘘のようにあがり、眼下の雲海が朝の光に照らし出される。太陽は

徐々にその姿を現し、それとともに遠くの黒々とした山なみが濃度を増してくる。

私たちはこの朝の荘厳なドラマに身じろぎもせず、無言のまま立ちすくんでいた。晴れわたったときの山の朝は何度体験しても心が洗われる。そして、今日は楽しい稜線漫歩。

ヒゲ男がすばやくシェルパ内藤と朝食準備にとりかかり、まもなく「メシー」の合図。朝食はなんと和食と洋食が用意されていて、ぞうすい組とサンドイッチ組とに分かれている。できたやつらだ。やわらかいフランスパンにハム、チーズ、ツナ、キュウリのメニューもホテル並みである。私はぞうすいをすすりながら、サンドイッチを食べ、コーヒーを味わった。

テントを撤収して、出発したのは七時。これから飯豊連峰の核心部を歩く。飯豊山―御西岳《おにしだけ》―烏帽子岳《えぼしだけ》―梅花皮岳《かいらぎだけ》―北股岳《きたまただけ》―門内岳《もんないだけ》をめざす。神様がワラジをぬいだといわれる草履塚《ぞうりづか》のあたりには、チングルマ、コバイケイソウ、ニッコウキスゲ、ミヤマキンバイと、数多くの高山植物が咲きほこっている。山の雑誌から切り取ってきた植物のカラー写真と見比べながら、カメラのレンズからのぞく花に見とれ、道草登山が始まる。

元山岳部の重さんは高山植物にくわしく、道すがら立ち止まっては、われわれにやさしく解説してくれる。しかし、角刈、サングラスの風体がどう見てもヤクザに見え、そのアンバランスさに一同大笑い。ダジャレを飛ばしながら、ノンビリノンビリ歩いていたら、いつのまにか飯豊山の頂上に着いた。神社に感謝をこめて百円のおさいせんを入れて、参拝。

頂上からは沢筋に雪が残る大日岳《だいにちだけ》がおだやかな山容を見せている。また、朝日連峰、船形山《ふながたやま》、安達太良山、磐梯山《ばんだいさん》などの峰々が遠くに近くに望め、ばつぐんの眺望である。

頂上の石畳に腰を下ろしながら、私は飯豊山にあらためて感謝をした。

遠くの方から眺めてばかりいて、なかなか頂上に立てない山がある。私にとっては南アルプスの赤石岳《あかいしだけ》とこの飯豊山がそうであった。アプローチが不便なのもさることながら、特定の山については、登る機会を失うということがままあるのだ。

とりわけ飯豊連峰は登山基地の天狗平《てんぐだいら》ロッジまで二度ほど足を運びながら、温泉取材が目的であったため、石転《いしころ》び沢《ざわ》大雪渓を眺めても「登ろう」という情熱は湯のようには湧いてこなかった。

また観光気分で只見川《ただみがわ》周辺をウロついていたときだったが、奥会津《おくあいづ》から夕日に照らされ、山腹にずっしりと雪を残した飯豊山を見つめたときには、ふいに胸がつまる思いがした。

東北の名峰と知りつつも、中央線沿線の山や北アルプス方面の山行が多い登山者にとっては、「飯豊」という個性的な山名は最初はなかなか読めない。「飯豊」を「いいで」と読むのだと知ったのはあとのことだった。まして「梅花皮岳」を「かいらぎだけ」とはとても読むことはできない。語原を調べると、信仰登山の飯豊山は豊かに飯を盛った姿の山容に由来し、「梅花皮」は、南太平洋に泳ぐアカエイに似た魚の背皮の名で、その形に飯豊連峰の大雪渓が似ているためにつけられたと知った。

大休止のあと、御西岳へ向かう。飯豊山から御西岳にかけての山腹は、パステル絵の具をひっくりかえしたように花が咲き乱れていた。ニッコウキスゲのあざやかな黄色の群落に、シェルパ内藤と若い水町さんはうれしそうに指をさしてなにやら話し込んでいる。それをおじさんたちは保護者のような顔をしてニコニコ見守っている。

雲ひとつない、申し分のない天気だ。昨夜まで雨にうたれたシャツをザックにくくりつけて乾かしながら、口笛を吹きつつ次々とお花畑を通り過ぎていく。

御西小屋のまわりには、何組かの大学生が合宿で来ているのか、大小のテントが軒を連ねていた。ここで昼食となり、ピーマン入りのラーメンを三ちゃんが作る。すかさず私と重さんは「一杯いきますか」と、切合小屋で手に入れたビールを取り出した。困った人たちである。

「ここまで来れば」と、まだ行程の半分も歩いていないのに気分はやたら大きく、昼食のあとはザックを枕に昼寝をしてしまう。「ここでテントを張るのも悪くないね」と私がいい加減な提案をすると、ヒゲの三ちゃんは「そうですね」とまぶしそうに両手を青空にかざし、適当な相づちをうつ。働き者のシェルパ内藤は食器をていねいに片づけ、ひとり遠くの山をぼんやり眺めている。

天狗《てんぐ》の庭《にわ》、御手洗《みたらし》ノ池《いけ》をのんびりと越え、花と池と展望を堪能しているうちに、門内岳どころか北股岳までも行けず暗くなってしまったので、安全を考えて、梅花皮岳手前の雪渓のガレ場に急きょテントを張る。

この日の夕食はナスカレーをメインに、ハムステーキ、ナスの即席おしんこ、オニオンスライス、じゃこかんずりあえ、その他小品のいくつか。三ちゃんが小皿に新しい料理を出すたびにみんなで拍手かっさい。残り少ないウイスキーでちびりちびりやる。あたりがすっかり暗くなり、ガスストーブの火が、やけにまぶしく感じられる。雪渓から吹き上げてくる冷たい風がテントをパタパタと鳴らす。

前夜は薄いシュラフで寒くてよく眠れなかったと言う水町さんにゴアテックスのシュラフカバーを手渡し、寝る準備をする。食後の甘いミルクティーが疲れた体にしみ込んでいく。

三日目の最終日は北股岳、門内岳、急な梶川《かじかわ》尾根の下りとロングコースが待っている。がんばって歩かないと、最後の宿、泡《あわ》の湯《ゆ》温泉に着くのが夜になってしまう。早朝四時に起き、五時には出発。梅花皮岳を越え、右に石転び沢大雪渓を見送る。北股岳からギルダ原には、ハクサンイチゲ、ヒナウスユキソウなどの高山植物が風に揺られ、まぶしいくらいである。ウグイスのさえずりが、さかんに聞こえる。

疲れた足を引きずりながら水町さんが懸命に門内岳を登っていく。でもあとは梶川尾根の下りだけだ。心やさしいシェルパ内藤のサポートで、ここまで登れたことを彼女は喜んでいた。おそらくこんなに歩いた山行は初めてなのだろう。歩いてきた山道と地図を見比べ、メモをとっている。頂上小屋で重さんと三ちゃんは缶ビールで喉をうるおしていたが、私は水筒のかんろ水でがまんをする。

最後の昼食は、梶川尾根の半分のところにある融雪水場にて、ずりあげうどん大会となる。大ナベのまわりには、白胡麻《しろごま》、ノリ、ネギ、おかか、七味、しょう油が並び、それぞれ好みでかけて食べる。ひじきに切干しダイコン、マッシュポテトもある。簡素にして豪華。山の食事はこうであらねばならない。シェルパ内藤はその間も忙しく立ち働いている。

私があんなに山で働く青年は見たことがないと言うと、三ちゃんは「いいやつなんですよ」と眼を細めた。子ども相手のスキー教室を開いたときなど、内藤君の人気は絶大だったそうである。

あと三時間も下れば、長かった山行も終わる。だいぶ高度が下がったのか、カラ類の野鳥の声がする。私はシェルパ内藤と前後するように、最後の急坂をストックを頼りに下りていく。年齢も仕事もそれぞれ違う五人が仲よく助け合うようにして来られたことに、私は感謝していた。こういう山行ができるのも、歳をとったからだろうか。若いときとはひと味違った山登りに心から満足していた。シェルパ内藤はやっとうちとけたのか、彫刻で食べていくむずかしさをボソボソと話しだした。若いときには不安と焦燥がつきものである。そして誰もが同じ行程をたどるのだ……。彼の話にうなずきながら、数十年前のわが身がよみがえってきた。

私にしても三十代後半まで会社勤めをしてから、フリーのイラストレーターに転職したのだが、会社を辞めるときの気持ちは、今思い出してもつらいものだった。「絵でやっていけるのかい」と酒場で知人に肩をたたかれ、返事に困ることもあった。

当初は石転び沢の大雪渓を下る予定になっていたのだが、重さんの判断によって、この梶川尾根を選んだのもよかった。いくらアイゼンを持ってきたからといって、足を引きずるようにして歩く女性の水町さんには雪渓の下りは不安すぎた。山登りには危険がつきものだが、その一歩前の判断がものをいう。

それにしても、梶川尾根の最後の下りは、岩や立木を両手で支えながら足を出さないと、転げ落ちてしまいそうな急坂であった。濡れた道では必ず誰かが転げて奇声を発していた。天狗平のロッジの屋根が見えても、転げるような道は続き、五、六歩下っては膝を手で支えないとふるえがとまらない。「もうだめだあ」と水町さんが叫んでいる。この超急勾配を重いキスリングを背にした高校生が登ってきたが、全員汗が噴き出し、声も出ない。ブナ林がうっそうと茂り、灌木におおわれた下りになると、さすが勾配もゆるみ、押し出されるようにして、ようやくのことで車道に出ることができた。

ひと足先に車道に出た私はザックの上に腰を下ろし、荒い息を整える。まだ上からは滑って奇声を発している連中の声が聞こえてくる。私はメモ帳に「いい山、いい友、愉快なり」と記した。

天狗平ロッジには昨年お世話になった管理人の主人がいた。私がいきなり顔を出すと、びっくりして、温泉につかってくださいなと手を振った。重いザックを下ろすと、体がヨレてしまい、笑われてしまった。

温泉につかったあとで頭をタオルでこすりながら、私はブナの大木に葉がゆさゆさと揺れるのを眺め、この十年の山行をぼんやりと思い出していた。ヨーロッパ・アルプス、ヒマラヤ、キリマンジャロ、そして日本での数々の山行、高校生になった息子と行った北アルプス縦走……。

近ごろは、ひと昔前のようにつんのめった山登りはしなくなった。この歳になってやっと落ち着いて仕事に専念する気持ちも出てきて、山は休息の場でよいのだと思うようになった。そして山はいつも待ってくれるものだと思った。この飯豊連峰のように大きくどっかりとした山が、日本にはまだまだたくさんあると思うと、楽しくてしかたがなかった。

「そろそろ行きますか」

重さんの声に促されるように、私は小屋のベンチをあとにした。

開放のソーメン〈朝日連峰〉

重いザックを背にしたのは、泡滝《あわたき》ダムのバス停前からである。小さな雑貨店で、最後の食料やタバコの買い置きのチェックをすませたあと、ゆるゆると五名のメンバーは朝日連峰の三泊四日の山に足を踏み入れた。小屋泊まりとはいえ無人小屋がほとんどで、シュラフ、食料は持参しなくてはならない。

山仲間に会うと「山が逃げる」という会話がよく出てくる。「いつかあの山へ」と思っているうちに山はどんどん遠ざかり、何年かたってしまうことがある。私のように遊び呆けていると山の逃げ方もはんぱではない。こちらの思いを知っていながら、まるで峰にぶつかる雲のように、つれなく去って行く。

二年前の夏、飯豊連峰を縦走した時に隣の朝日の山々が連なって見えた。その時「いつか」と心に誓ったが、思った以上に早く登る機会に恵まれた。メンバーは飯豊

山の時と同じ山の仲間である。こういった気心が知れた仲間との山行は実に楽しい。ただ全員、前夜までにたまった仕事を片づけなくてはならなかった。そのうえ早朝東京を出発したため、いささか睡眠不足気味で、皆無言で、一時間ほど都会の汗を出すことに専念する。

大鳥川《おおとりがわ》沿いの登山道を登り、涼しいブナの原生林の中を、ひたすら黙りこくって重い足を前へと進める。冷水沢《ひやみずさわ》の吊橋を渡った場所で、ひと休みとザックを下ろす。

「飯豊の花もよかったけど、朝日も最高ですよね」と食料係のヒゲの三ちゃんが、カメラをいじくっている同じ会社の上司、重さんとなにやら仲むつまじく話している。重さんは白いタムシバにレンズを当てている。初夏を待っていたかのように、大きな花弁を揺るがしていた。

汗と同時にいつも頭のどこかにひっかかっていた仕事のことが少しずつ薄れていく。急坂を左右にふりながら、都会でのしがらみも汗と同時に流していくと、やがて待望の大鳥池が広がり、湖畔に今夜の宿、大鳥小屋が建っている。幻想的な湖に見とれているとひと足早く着いた仲間が部屋の窓から大きく手を振っていた。

よく整頓された小屋は気持ちがいい。汗をびっしょり吸ったシャツをハンガーにかけると、あとは夕食の準備にとりかかる。今夜はトマトのスパゲティである。その前

に三ちゃんが得意とする料理、オイルサーディンにしょう油をひとたらしして、ガスストーブで温めたものをつまみにビールで喉をうるおす。重さんのザックにはなんと巨大な三リットル入りのビールが隠されていたのだ。そのうえ、ウイスキーである。酒を一滴も口にしないのが、ボッカ係の内藤青年とウリ坊のあだ名を持つ水町清美さんだ。ふたりはきちんと正座をしてこまごました料理を手伝っている。そういえばシェルパのように頼りにしている内藤君のザックにも二リットル入りのビールがひそんでいるのだ。

山小屋での自炊は楽しいの一語につきる。ああだこうだと言いながら、各自のザックから隠し持ってきたつまみが飛び出す。こんな時、私は素直に山にきたことを感謝している。山といえばただ頂上を目ざした若い頃と違って、山への関わり方、思いもずいぶん変わってきた。その夜はたっぷりと用意された酒類もあるので、ひさしぶりに山の話に花が咲く。

翌日、大鳥池より沢の音を耳に、残雪が続く以東岳《いとうだけ》までの急登がはじまった。大鳥池を見下ろしながら、私が早々とひとり休んでいると、大きなザックを背に内藤君、ウリ坊が「お先に」とスタスタ登っていく。「休んでいかない？」と私が声をかけても、彼らはとりあえず以東岳まではなにがなんでもがんばろう、と決意しているかの

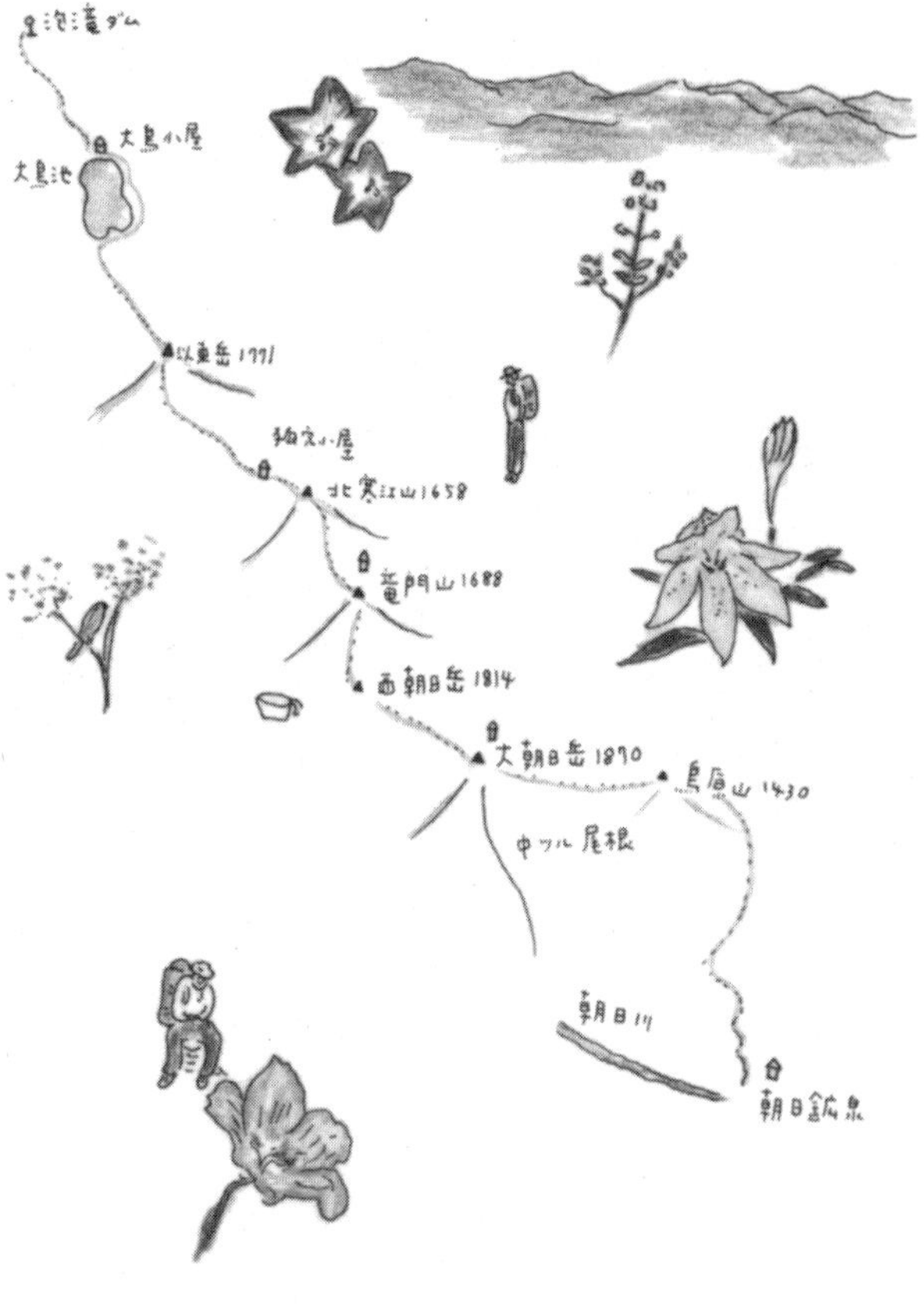
泡滝ダム
大鳥小屋
大鳥池
以東岳1771
狐穴小屋
北寒江山1658
竜門山1688
西朝日岳1814
大朝日岳1870
鳥原山1430
中ツル尾根
朝日川
朝日鉱泉

ように黙って消えていく。実際のところ私はこの急登に、早くも足がよれてしまっていた。汗でくもるメガネを何回となく拭く。以東岳の頂上に立つと、なつかしい飯豊連峰が広がっていた。風が強いので、体が冷えないうちに中年三人組もザックを背にする。

大きな花崗岩《かこうがん》の岩の脇を通ると、ヒナウスユキソウのお花畑が広がって見えてくる。金堀付近の池塘がうっすらと光っている。若いふたりがザックを下ろし、花を指さしうれしそうに笑っていた。だが中年の疲れた体をなぐさめてくれるのは、花ではなく今ではめずらしくなった氷砂糖である。「そんなに急いでどこに行くの」内藤青年に励まされ、次なる狐穴《きつねあな》小屋をめざす。

都会にいれば私は毎夜深酒に身をひたしており、こうして気まぐれのようにわいてでてくる雲の中を歩いているもうひとりの自分がなんだか不思議でならない。冷たいガスの間から以東岳がどっしりと重量感あふれて見えてくる。「あの山に登ったのか」静まり返った山の中で私は初めて目がさめたようにひとり驚いていた。

やっと体が山のリズムに合ってきたと感じはじめたら、狐穴小屋で昼食となる。しかしここで食べた、残雪でこした冷たいソーメンが人生のつまずきであった。なんと中年組は、登りの途中なのにザックにしまいこんでいた禁断のビールを口にしてしまったのだ。この開放された気持ちではビールを飲まないわけにはいかなかった。

予定では竜門《りゅうもん》小屋まで行くつもりが、「山は逃げない」と重さんは繰り返し言い、ウイスキーを太っ腹よろしく出してしまったからたまらない。あとは宴会に早変わりし、三ちゃんはやがて赤い顔をして昼寝をしてしまった。

「こんなおじさんとはやってられないな」と内藤君とウリ坊は遠い眼をして、山々を見つめている。やがて私のまぶたも重くなってきた……。

その時水を汲みにきたのか、巨大ザックを背負った学生たちが元気そうに下りてきた。あいさつをかわすと、今夜中に大鳥小屋まで行くのだと張りきっている。

私は唐突に「君たちお酒持ってない」とたずねると立教大学に在学中だという彼らは「ありますけど……」となんだか不信感あふれた顔をした。我々の酒類はすでにきれてしまっていたのである。

「あのね。その酒、おじさんにくれない？」「…………」

「チーズと交換しない？」

すると大学生のひとりは「僕たちお酒飲まないからいいです」と四合パックに入った日本酒をあっさり取り出してきた。「本当にいいのかい」こうなると私の声もやさしくなる。「悪いなあ」とみごとに物々交換会が終わり、「これも持っていけよ」と氷

さわのひとし

砂糖も渡した。

彼らは気付け薬がわりにお酒を持ってきたが、誰一人として酒を飲める者はなく、持て余していたのだ。

夕食はひたすら辛いタイカレーを作る。全員舌をヒリヒリさせ、内藤君はカップに水のおかわり、中年組はおいはぎのようにして奪い取った日本酒をひたひた口に含ませて、怪しい笑いを浮かべていた。無人とはいえ、狐穴小屋は快適な小屋である。

「しかしなんでここに泊まりになったのかなあ」と私がシュラフに入りボンヤリした声を出すと「それは食料担当が悪いのです」と内藤君が低い声を出した。「スルメを焼いたら、ビールとなるのがわかりきっているでしょう」ウリ坊が端の方からささやくように言った。

二重になった窓が小さく音をたてているが、九時にはランプを消して熟睡態勢に入った。

コーヒーにラーメンの組合せで朝食を食べたあと、重さんの「今日かせがないと下山できない」にハッパをかけられ縦走のハイライト大朝日岳《おおあさひだけ》をめざす。八時には竜門小屋を越え、展望の開けたなだらかな稜線を思い思いのペースで進んで行く。残雪の間にニッコウキスゲの黄色が心をなごませてくれる。遠くに大朝日岳の小屋がポツンと点のように見える。

体調が悪いのかウリ坊が遅れ気味である。とりあえず小屋にて昼食となるので空腹の体をだましだまし西朝日岳まで進む。夏の乾いた風が体全体を包み、私は快適そのものである。風の香り、草の香りと体中が山の空気で染まっていく。シャツ一枚でちょうどよい暖かさである。両手を腰に当て、時々止まっては振り返るように、遠くなりつつ歩いてきた峰々を望む。縦走の醍醐味はこんな時だ。そして前方には青空に輝く大朝日岳。

昨日はビールで失敗したので、昼食のパンをくわえたまま大朝日岳に登る。朝日岳を越えるとウリ坊の顔が白く、表情がうつろである。男性四人で荷物を分けて身軽にしたほうが楽である。今夜の宿、朝日鉱泉までまだ五、六時間の登り下りが続くので、遠慮と抗議をするウリ坊のザックを下ろし、荷を分配する。あとは各自自由に宿をめざした。ひと風呂浴びたあとのビールが楽しみなのか、重さんは内藤君とともに下山にかかるやいなや、あっという間に姿を消してしまった。

鳥原山《とりはらやま》に近づくにつれて木道が敷かれ、ヒメコマツの林の中へ入って行く。三ちゃんが樹林帯の中をウリ坊をいたわりながら歩いている。すでに辺りは暗くなってきた。ヘッドランプの用意をして、本格的になってきた闇の中を慎重に一歩一歩下りていく。

「内藤君たちもう宿に着いたかなあ」と私が時計を見るとすでに時刻は七時を過ぎていた。憔悴《しょうすい》したウリ坊はひざに手を当てて元気がない。川の音が聞こえてきたが、ジグザグの急坂がかぎりなく続いていて私も気が重くなってきた。

その時かすかに「おーい」と声がする。内藤君が心配して迎えにきてくれた。ヘッドランプの小さな明かりがくるくる回っている。内藤君はへたばった水町さんのザックを奪い取り「重さんは待ちきれずに温泉に入ってますよ」と言った。

四人の話声をさえぎるように川の音が大きくなり、吊橋を渡ると、朝日鉱泉の明かりが眼の前に見えた。私は無事に山から戻れたこと、力を貸してくれた仲間に感謝し、最後の階段を荒い息をはきながら登って行った。

山のごはんにいつも笑顔　おわりによせて

山に行く時、いつもポケットにアメやチョコレートを入れておく。歩きながら口に入れる。レーションは軍隊で配給される携帯用の食料。コンバット・レーションの略だ。ミリ飯《メシ》ともいう。

山登りは体力を使う。行動中に時々なにか口にしていないとヘタる。栄養補給のために甘い携帯食料は必携である。

量は少なくて良い。小分けする必要はない。私は一つの袋に干ブドウ、黒糖、ビスケットと、少量適当である。一服する時にあたりの山容をボーッと見る。そんな時に食べるミカンの味も忘れられない。

はじめて登った山は奥多摩の川苔山である。小学六年生の時だ。高校生の兄に連れられて登った。それまで雲の上まで上がった経験がないので、この山行は深く印象に残った。その時にミカンの皮をなにげなく捨てようとしたら、「遭難した時にその皮

も役に立つのだ」と兄に言われた。「山に持ってきたものは下山するまでザックに入れておけ」と、山の鉄則を教えられた。

これまで海外の山もずいぶん歩いてきた。ヒマラヤトレッキングにスイスの山。アフリカのキリマンジャロ、バリ島のアグン山、あるいはハワイ島のマウナ・ロア。そして、シアトル郊外のトレッキング等々。振り返るとその時の風景や風のにおいを不意に思い出す。

最近では中国の安徽《あんき》省南部にある黄山《こうざん》も思い出深い。秋のいくらか肌寒い日であったが、汗だらけの体にキュウリがとてつもなくうまかった。登山客を相手にトマトやキュウリを売る行商がいるのだ。夏野菜は体を冷やしてくれるので理にかなっている。中国のキュウリは沖縄のゴーヤのように大きい。山水画のごとき奇峰群と雲海に、キュウリの山旅になった。

もうひとつ山東《さんとう》省の泰山《たいざん》も食べ物とつながる。ここは中国五岳の一つで人気が高い。山東省はネギが名産で、どこのホテルでも小麦粉を薄くクレープのように焼いた上に細かく千切りにしたネギをのせ、甘いミソをつけてくるくる丸めたものが登場する。泰山の頂上でもこれが活躍していた。屋台では小麦を焼くいい匂いをさせている。

標高は一五四五メートルと低いが、二月に行ったのでダウンを着ていても震え上がった。その時に口にしたネギまきは、甘く切なく身に染みた。

山で食べたものはどれもおいしく、体に溶けていくのを実感できる。

いくら歳をとっても山歩きをしたい。頂上に立たなくても裾野でも充分満足である。

いつものおにぎりにミカン、そして行動食の干ブドウに魔法瓶には白湯《さゆ》。小さなザックを背にぶらぶら歩きたい。

そうだ、心身ともに疲れた時こそ山に行こう。

山に行けば、絶対に元気になれる気がしてならない。

初出

タラコ、ホッケ、海の幸〈羅臼岳〉
『山の時間』白山書房（二〇〇九年三月）「冬の羅臼岳」

春うららの自作おにぎり〈奥多摩・生藤山〉
『てっぺんで月を見る』角川文庫（一九九二年七月）「のんびり春酔行——奥多摩・生藤山」

残された秘境で天ぷら〈海谷山塊〉
『てっぺんで月を見る』角川文庫（一九九二年七月）「緑の山——海谷山塊」

ビールとおでんとナベ焼きうどん〈丹沢・鍋割山〉
『てっぺんで月を見る』角川文庫（一九九二年七月）「幸せの小径——丹沢・鍋割山」

思い出と安らぎのコーヒー〈阿弥陀岳北西稜〉
『てっぺんで月を見る』角川文庫（一九九二年七月）「八ガ岳通い——阿弥陀岳北西稜」

薪ストーブでシカ焼き肉〈雲取山〉
『てっぺんで月を見る』角川文庫（一九九二年七月）「雪まみれの春山——雲取山」

岩魚のミソ焼きと憂いの秋〈黒部渓谷・志合谷〉
『てっぺんで月を見る』角川文庫（一九九二年七月）「秋の黒部渓谷——志合谷」

滑落のち、おにぎり〈巻機山・米子沢〉
『やまの劇場』山と溪谷社（一九九九年九月）「『八海山』と巻機山・米子沢」

前夜のフリーズドライ宴会〈北鎌尾根〉
『やまの劇場』山と溪谷社（一九九九年九月）「幻の北鎌尾根敗退行」

低山の愛妻弁当〈秩父・観音山〉
『やまの劇場』山と溪谷社（一九九九年九月）「初夏の秩父・観音山」
山の幸福な食卓〈北八ヶ岳〉
『やまの劇場』山と溪谷社（一九九九年九月）「秋の八ガ岳」
縦走の知恵、時短・簡単・節約メニュー〈大雪山〉
『やまの劇場』山と溪谷社（一九九九年九月）「大雪山、神遊びの庭をゆく」
兄が教えてくれた甘いミルク〈川苔山〉
『休息の山』角川文庫（一九九七年九月）「兄と登った川苔山」
山頂の豪華サンドイッチ〈高水三山〉
『休息の山』角川文庫（一九九七年九月）「休息の高水三山」
焼き肉と日本酒で酒盛り〈西丹沢〉
『休息の山』角川文庫（一九九七年九月）「西丹沢の秋」
体にしみ込む白湯〈西穂高〉
『休息の山』角川文庫（一九九七年九月）「冬の西穂高」
ホテル並みの朝食〈飯豊連峰〉
『休息の山』角川文庫（一九九七年九月）「残雪と花いっぱいの飯豊連峰」
開放のソーメン〈朝日連峰〉
『やまの劇場』山と溪谷社（一九九九年九月）「朝日連峰、花の酔夢行」

本書に記載された地名、肩書き等の情報は執筆当時のままです。

山《やま》のごはん

沢野《さわの》ひとし

令和4年 7月25日　初版発行

発行者●堀内大示

発行●株式会社KADOKAWA
〒102-8177　東京都千代田区富士見2-13-3
電話　0570-002-301（ナビダイヤル）

角川文庫 23248

印刷所●株式会社暁印刷
製本所●本間製本株式会社

表紙画●和田三造

●お問い合わせ
https://www.kadokawa.co.jp/（「お問い合わせ」へお進みください）
※内容によっては、お答えできない場合があります。
※サポートは日本国内のみとさせていただきます。
※Japanese text only

ISBN 978-4-04-112592-2　C0195

◇◇◇

角川文庫発刊に際して

角川源義

第二次世界大戦の敗北は、軍事力の敗北であった以上に、私たちの若い文化力の敗退であった。私たちの文化が戦争に対して如何に無力であり、単なるあだ花に過ぎなかったかを、私たちは身を以て体験し痛感した。西洋近代文化の摂取にとって、明治以後八十年の歳月は決して短かすぎたとは言えない。にもかかわらず、近代文化の伝統を確立し、自由な批判と柔軟な良識に富む文化層として自らを形成することに私たちは失敗して来た。そしてこれは、各層への文化の普及滲透を任務とする出版人の責任でもあった。

一九四五年以来、私たちは再び振出しに戻り、第一歩から踏み出すことを余儀なくされた。これは大きな不幸ではあるが、反面、これまでの混沌・未熟・歪曲の中にあった我が国の文化に秩序と確たる基礎を齎らすためには絶好の機会でもある。角川書店は、このような祖国の文化的危機にあたり、微力をも顧みず再建の礎石たるべき抱負と決意とをもって出発したが、ここに創立以来の念願を果すべく角川文庫を発刊する。これまで刊行されたあらゆる全集叢書文庫類の長所と短所とを検討し、古今東西の不朽の典籍を、良心的編集のもとに、廉価に、そして書架にふさわしい美本として、多くのひとびとに提供しようとする。しかし私たちは徒らに百科全書的な知識のジレッタントを作ることを目的とせず、あくまで祖国の文化に秩序と再建への道を示し、この文庫を角川書店の栄ある事業として、今後永久に継続発展せしめ、学芸と教養との殿堂として大成せんことを期したい。多くの読書子の愛情ある忠言と支持とによって、この希望と抱負とを完遂せしめられんことを願う。

一九四九年五月三日

角川文庫ベストセラー

人生のことはすべて山に学んだ　沢野ひとし

「本の雑誌」でおなじみの沢野ひとしが、これまでの登山歴から厳選した50の山を紹介。実体験にもとづくエピソードは読者を紙上登山に誘います。イラストは200点以上！　笑って泣ける山エッセイ！

山の帰り道　沢野ひとし

街から山に行き、山から街に帰る——。入山時の心配、不安、期待、憧れは、下山後には高揚した疲労感と安堵感を伴って酒の味を美味しくさせる。山への飽くなき憧憬と、酒場で抱く日々の感慨を綴る名画文集。

わしらは怪しい探険隊　椎名　誠

おれわあいくぞう　ドバドドバだぞお……潮騒うずまく伊良湖の沖に、やって来ました「東日本なんでもケトばす会」ご一行。ドタバタ、ハチャメチャ、珍騒動の連日連夜。男だけのおもしろ世界。

ひとりガサゴソ飲む夜は……　椎名　誠

旅先で出会った極上の酒とオツマミ。痛恨の二日酔い体験。禁酒地帯での秘密ビール——世界各地、どこにいても酒を飲まない夜はない！　酒飲みのヨロコビと悲しみがぎっしり詰まった絶品エッセイ！

麦酒泡之介的人生　椎名　誠

時に絶海の孤島で海亀に出会い、時に三角ベース野球で汗まみれになり、ウニホヤナマコを熱く語る。朝のヒンズースクワット、一日一麵、そして夜には酒を飲む。ビール片手に人生のヨロコビをつづったエッセイ！

角川文庫ベストセラー

ごんごんと風にころがる雲をみた。　椎名　誠

北はアラスカから、チベットを経由して南はアマゾンまで、世界各地を飛び回り、出会った人や風景を写し取り、旅と食べ物を語った極上のフォトエッセイ。「ホネ・フィルム」時代の映画制作秘話も収録！

玉ねぎフライパン作戦　椎名　誠

はらがへった夜には、フライパンと玉ねぎの登場だ。勘とイキオイだけが頼りの男の料理だ、なめんなよ！　古今東西うまいサケと肴のことがたっぷり詰まった、シーナ節全開の痛快食べ物エッセイ集！

絵本たんけん隊　椎名　誠

90年代に行われた連続講演会「椎名誠の絵本たんけん隊」。誰もが知る昔話や世代を超えて読み継がれてきた名作など、古今東西の絵本を語り尽くした充実の講演録。すばらしき絵本の世界へようこそ！

世界どこでもずんがずんが旅　椎名　誠

マイナス50℃の世界から灼熱の砂漠まで――地球の端から端までずんがずんがと駆け巡り、出逢った異国の情景を感じたままにつづった30年の軌跡。旅と冒険の達人・シーナが贈る楽しき写真と魅惑の辺境話！

帰ってきちゃった発作的座談会　椎名　誠　沢野ひとし　木村晋介　目黒考二

発作的座談会シリーズ屈指のゴールデンベスト＋初収録座談会を多数収録。一見どーでもいいような話題をおじさんたちが真剣に、縦横無尽に語り尽くす。無意味度120％のベスト・ヒット・オモシロ座談会！